Rathjen · Wege und Wüsten

Friedhelm Rathjen

Wege und Wüsten

Zehn Studien, Vorträge und Miszellen zu Samuel Beckett

EDITION ReJOYCE

2020

Die hier versammelten Studien wurden folgenden Bänden entnommen:

Friedhelm Rathjen: *weder noch. Aufsätze zu Samuel Beckett* (Edition ReJoyce, Bd. 7)

Friedhelm Rathjen: *Doublin' Dublin. Vorträge und anderes zu James Joyce und Samuel Beckett* (Edition ReJoyce, Bd. 42)

Friedhelm Rathjen: *Rejoyce! Kleiner Leitfaden durch die irische Literatur* (Edition ReJoyce, Bd. 47/48/49)

Friedhelm Rathjen: *Triplin' Dublin. Nach- und Überträge zu James Joyce und Samuel Beckett* (Edition ReJoyce, Bd. 57)

rejoyce pocket
rjp 9

Bibliografische Information der Deutschen Bibliothek:

Die Deutsche Bibliothek verzeichnet diese Publikation in der Deutschen Nationalbibliografie; detaillierte bibliografische Daten sind im Internet über <http://dnb.ddb.de> abrufbar.

EDITION ReJOYCE Südwesthörn 2020
rejoyce@gmx.de
Satz, Titelfoto und Umschlaggestaltung: Friedhelm Rathjen
Herstellung: Books on Demand GmbH, Norderstedt
ISBN 978-3-947261-20-8

Inhalt

Beckett geht, Beckett bleibt
Die Wege Becketts

Beckett geht. Wenn ich das und nicht mehr sage, könnten Sie, meine Damen und Herren, den selben Fehler begehen wie Belacqua in Becketts unveröffentlichter früher Erzählung „Echo's Bones". Ein gewisser Lord Gall nämlich kündigt dort an, er wolle Belacqua eine Geschichte erzählen, „während wir vor uns hin gehen", und Belacqua fragt erhitzt nach: „vor uns hin gehen wohin?"[1] Beckett geht – aber die Frage ist nicht: wohin; wenn Beckett geht, geht er nicht irgendwo hin; er geht auch nicht weg; wenn Beckett geht, dann geht er weiter. Immer weiter.

Samuel Beckett war zeitlebens eine Geher; schon in jüngsten Jahren begeisterte er sich dafür, an der Seite seines bewegungssüchtigen Vaters über die kahlen Buckel der Wicklow-Berge südlich von Dublin zu wandern, und noch im Alter konnte er stundenlang durch Paris laufen. Seinem Freund Thomas McGreevy schreibt er 1931: „Pelorson [ein gemeinsamer Bekannter] sagt, er versteht Rimbaud, der spazierend Gedichte zu komponieren pflegte. Für mich aber eignet dem Verstand beim Gehen eine höchst angenehme & melancholische Schlaffheit, wird er zur Wegkreuzung von Erinnerungen, hauptsächlich Erinnerungen an die Kindheit, Tränenmühle."[2] Fünf

---

1 Übersetzt nach: Samuel Beckett, „Echo's Bones", unveröffentlichtes Manuskript im Archiv der Beckett International Foundation, Reading, S. 8 (Originalwortlaut: „as we go along [...] go along whither?").

2 Übersetzt nach *The Letters of Samuel Beckett*, Bd. I: 1929-1940, hg. v. Martha Dow Fehsenfeld u. Lois More Overbeck (Cambridge: Cambridge University Press 2009), S. 93. (Brief an Thomas McGreevy vom 8. November 1931; Originalwortlaut: „Pelorson says he understands Rimbaud who used to compose poems walking.

Jahre später, als er McGreevy wissen läßt, er wandere täglich ganz allein fünf bis zehn Meilen, erläutert er schalkisch, wozu das Wandern gut sei: „Es erspart Trübsinn & Masturbation."[3] Als er 1936/37 ein halbes Jahr allein durch Deutschland reiste, hat er sich auf endlosen Stadtmärschen und langen Museumsdurchgängen systematisch „leer gewandert"[4]; eben von dieser Reise heimgekehrt, setzt er die Wanderungen durch die Wicklow-Berge fort und schreibt an McGreevy: „Mir gefällt das Wandern mehr & mehr, & je weniger zielgerichtet, desto besser."[5] Die Gewohnheit langer Spaziergänge gibt Beckett auch im Alter nicht auf. In Stuttgart, wo seine Fernsehspiele aufgezeichnet wurden, soll es einmal ein Problem gegeben haben; in der Nähe des Senders gab es eine Gaststätte, in die man Beckett eingeladen hatte, doch dort herrschte eine strenge Kleiderordnung, und Beckett tauchte direkt von einer längeren Stadtwanderung auf – barfuß.

All das wäre kaum der Rede wert, gäbe es nicht auch in Becketts zur Erstarrung neigendem Werk überall Straßen, Wege und Pfade, die die Figuren entlang schlurfen, ohne wirklich an irgendein Ziel zu geraten, oder wo sie auf etwas warten, das nie kommt. Schon Becketts erster Held Belacqua Shuah hat zwar gelernt, daß angeblich sitzend und ruhend die Seele weiser wird, aber zur Ruhe kommt

---

But for me, walking, the mind has a most pleasant & melancholy limpness, is a carrefour of memories, memories of childhood mostly, moulin à larmes.")

3 Ebd., S. 313. (Brief an Thomas McGreevy vom 6. Februar 1936; Originalwortlaut: „It saves cafard & masturbation.")

4 Gaby Hartel, „Ein ‚großer Fußgänger'. Samuel Beckett ist viel gewandert – auch in Berlin", in Lutz Dittrich, Carola Veit u. Ernest Wichner (Hg.): *‚Obergeschoss still closed.' Samuel Beckett in Berlin 1936/37* (Berlin: Matthes & Seitz 2006), S. 13-23, hier S. 23.

5 Übersetzt nach *The Letters of Samuel Beckett*, Bd. I, a.a.O., S. 489. (Brief an Thomas McGreevy vom 26. April 1937; Originalwortlaut: „I like walking more & more, & the less aim the better.").

er selbst doch kaum, er sitzt nicht oft und erst recht nicht lange – doch ist ja auch die Frage, ob die Seele dazu da ist, weiser zu werden. Die Seele – *soul* heißt sie im Englischen, ein Homophon von *sole* (Sohle) – die Seelen-Sohle also will nicht weiser werden, sie will weiter, immer weiter – gehen, laufen, marschieren. Und Belacqua geht, läuft, marschiert mit.

In „Fingal“, einer der frühesten Erzählungen des Bandes *Mehr Prügel als Flügel*, wandert Belacqua mit flotten Beinen durch das nördliche Dubliner Umland. Er ist nicht allein, eine wander- und auch sonst freudige Freundin ist bei ihm, und so flott sind Belacquas Beine, daß er nicht nur gehend viel Beinarbeit verrichtet, sondern auch liegend, im Gras, mit besagter freudigen Freundin. Jedem anderen Autor gäbe das Gelegenheit zu ebenso freudigen Beschreibungen, doch Beckett teilt uns nur mit, seinen Helden überfalle „die Tristesse des omne animal“ – Freuden sind es nicht, die das Liebesleben erzeugt, mit Freuden wird folglich auch der nicht belohnt, der zu Fuß geht. Belacquas Freude kommt anders zustande; er trennt sich von seiner Gefährtin, weil er ein Gefährt entdeckt, das er klauen will:

> Er ging in anderer Richtung weiter bis dorthin, wo das Fahrrad im Gras lag. Ein treffliches, leichtes Gerät mit Holzfelgen und roten Reifen. Als er den Ackerrain zur Straße hinunterrannte, hüpfte es unter seiner Hand neben ihm her. Er stieg auf, und so flogen sie bergab und um die Ecke, bis sie schließlich bei dem Zauntritt zu dem Feld anlangten, wo die Kirche stand. Das Ding fuhr sich wie Butter; rechts schäumte das Meer zwischen Felsen.[6]

---

[6] Samuel Beckett, „Fingal“, in: *Mehr Prügel als Flügel*, üb. v. Christian Enzensberger et alii (Frankfurt a.M.: Suhrkamp 1989), S. 21-34, hier S. 31.

Wer sich ausführlich mit Becketts Fahrrädern beschäftigt[7], der weiß, daß die zitierte Passage sehr typisch ist. Wenn bei Beckett ein Fahrrad ins Spiel kommt und wenn dieses Fahrrad zweckgemäß gebraucht wird, wenn also die Figuren darauf fahren dürfen, dann erleben sie Wonne, Freuden, Glück, was bei Beckett bekanntlich nicht oft vorkommt. Wenn das Fahrrad freilich falsch gebraucht wird, wenn es angekettet, geschoben oder getragen wird, wenn es (wie im Roman *Watt*) vom Zug transportiert wird und obendrein einer Miss Walker – also ihrem Namen gemäß einer Geherin – gehört, dann funktioniert das alles nicht. Gehen ist das Gegenteil von Fahrradfahren; beim Gehen kommt kein Glück und keine Freude auf – aber geht es denn überhaupt darum, Glück und Freude zu empfinden? Bei Beckett geht es meistens eher darum, etwas erträglich zu machen, etwas auszuhalten – und das geht am besten, indem man geht. Wenn Becketts Figuren gehen, geht es weiter, freudlos zwar, doch um so stetiger.

Am Ende der bis heute unveröffentlichten Erzählung „Echo's Bones", die Beckett als Schlußstück für *Mehr Prügel als Flügel* schrieb, aber dann in der Schublade behalten mußte, steht der Satz: „So it goes in the world"[8]; wenigstens diesen Satz hat Beckett für sein Buch retten können, wo er ganz am Ende nun die Summe zieht; in der Enzensberger-Übersetzung lautet er: „So geht die Welt."[9] Also nicht ‚so sitzt und ruht die Welt', auch nicht – wie

---

[7] Vgl. Friedhelm Rathjen, *Samuel Beckett & seine Fahrräder. Ein treffliches leichtes Gerät mit Holzfelgen und roten Reifen* (Darmstadt: Häusser 1996); erweiterter Nachruck: „Becketts Fahrräder. Von Last und Lust zwischen Lenker und Tretlager", in Friedhelm Rathjen, *weder noch. Aufsätze zu Samuel Beckett* (Scheeßel: Edition ReJoyce 2005), S. 19-43.

[8] Beckett, „Echo's Bones", a.a.O., S. 28.

[9] Samuel Beckett, „Spreu", in *Mehr Prügel als Flügel*, a.a.O., S. 195-213, hier S. 213.

man angesichts der gelegentlichen Radfahrfreuden in Becketts Werk mutmaßen könnte – ‚so radelt die Welt', sondern – um etwas korrekter zu übersetzen – ‚So geht es in der Welt'[10]. Mit der Welt ist Beckett fürs erste fertig, als er diesen Satz schreibt, die Welt ist mit den Belacqua-Erzählungen ad acta gelegt; mit dem Gehen freilich ist er noch lange nicht fertig, es geht weiter.

In Becketts Nachkriegserzählung „Erste Liebe" stoßen wir auf folgenden seltsamen Gehversuch des Erzählers, der Schreie hört:

> Wenn ich nicht gewußt hätte, daß man Schreie im Haus ausstieß, hätte ich sie vielleicht nur gehört. Aber da ich es wußte, hörte ich sie gut. [...] Ich begann mit den Schreien zu spielen [...], indem ich weiterging, stehenblieb, weiterging, stehenblieb, wenn man das spielen nennen kann. Solange ich voranschritt, hörte ich sie nicht, dank dem Geräusch meiner Schritte. Aber sobald ich stehengeblieben war, hörte ich sie wieder, jedesmal leiser zwar, aber was ändert das schon, ob ein Schrei leise ist oder laut? Wichtig ist, daß er aufhört. Jahrelang glaubte ich, daß sie aufhören würden. Nun glaube ich es nicht mehr.[11]

Was lernen wir aus dieser Stelle? Wir lernen, daß man – anders als Becketts Erzähler hier folgert – die Schreie

---

[10] Dies ist auch Becketts eigene Fassung; in jüngeren Jahren beendete er mit dieser Floskel gelegentlich deutschsprachige Briefe und Texte. Vgl. z.B. einen Text aus Becketts *Exercise Book* von 1934, zitiert nach Marion Fries-Dieckmann, „Beckett lernt Deutsch. The Exercise Books", in Therese Fischer-Seidel u. Marion Fries-Dieckmann (Hg.), *Der unbekannte Beckett. Samuel Beckett und die deutsche Kultur* (Frankfurt a.M.: Suhrkamp 2005), S. 208-223, hier S. 212: „So geht's in der schönen Welt."

[11] Samuel Beckett, „Erste Liebe", üb. v. Elmar Tophoven, in *Erzählungen* (Frankfurt a.M.: Suhrkamp 1995), S. 23-49, hier S. 49.

doch zum Aufhören bringen kann, nämlich indem man das Stehenbleiben unterläßt; wer geht, der hört die Schreie nicht, ‚dank dem Geräusch seiner Schritte'. Also: weitergehen – nicht um wegzulaufen, denn weglaufen kann man den Schreien nicht, sondern um sie sozusagen aus dem Gehör, aus dem Bewußtsein zu tilgen. Gehen als Gegenwehr, Gehen als Gegenan-Gehen; Gehen als ein Mittel des Aushaltens, eigentlich sogar des Ausharrens, denn wer geht, läuft eben nicht weg, sondern hält Stand.

Wer geht, beschreibt einen Weg. Der berühmteste aller konkret beschriebenen Wege findet sich im Roman *Mercier und Camier*, es ist „der alte Heerweg" über die „Hochheide" [12]. Mir persönlich ist dieser Weg ganz besonders wichtig, genau diesen Weg über die Wicklow-Berge nämlich mühte ich mich am ersten Tag meiner ersten Irlandreise entlang, noch ohne eine Zeile Beckett gelesen zu haben, und zwar mit dem Fahrrad[13] – was genaugenommen falsch war, denn Mercier und Camier haben ihr Fahrrad in der Stadt gelassen, sie sind zu Fuß unterwegs, und hier auf diesem Weg trennen sich ihre Wege. Wenn wir uns fragen, warum Mercier und Camier ihr Fahrrad und damit alle Aussicht auf Freuden zurücklassen, dann finden wir die Antwort vielleicht indirekt im Text und direkt in der Topographie. Auf die Hochheide, so lesen wir, kommen nur noch „Leute, die immer auf Malerisches aus sind, oder Wanderer"[14] – also Geher. Das ist das eine. Und der Weg durchquert Moore „in fünfhundert Meter Höhe, oder tausend, wenn Ihnen das lieber

---

[12] Samuel Beckett, *Mercier und Camier*, Roman, üb. v. Elmar Tophoven (Frankfurt a.M.: Suhrkamp 1995), S. 110.

[13] Vgl. Friedhelm Rathjen, „Im Kreis, mehrfach", in *irland journal* 7.3 (1996), S. 47; Nachdruck in Friedhelm Rathjen, *Doublin' Dublin. Vorträge und anderes zu James Joyce und Samuel Beckett* (Südwesthörn: Edition ReJoyce 2012), S. 123 f.

[14] Beckett, *Mercier und Camier*, a.a.O., S. 110.

ist“[15] – was heißt, um hier herzukommen, muß man erkleckliche Steigungen bewältigen. Beckett konnte das, das wissen alle guten Biographen[16], aber in seinem Werk gibt es für Fahrradfahrer keine Steigungen; sie erleben ihr Radlerglück, indem sie – wie in der bereits zitierten „Fingal“-Passage – „bergab und um die Ecke“[17] flitzen oder zumindest mit einer enthusiastischen Leichtigkeit unterwegs sind, wie sie eigentlich nur in abschüssigem Terrain möglich ist. „Glücklicherweise führte der Weg bergab“[18], jubiliert der radelnde Moran im zweiten Teil von *Molloy*. Becketts Geher hingegen mühen sich immer, schleppen sich dahin, schreiten schwer aus, kommen kaum voran – sie gleichen in Körperhaltung und Mühsal stets Bergwanderern beim Anstieg. Man könnte fast sagen, es seien alles Sisyphosse; Albert Camus’ Diktum, man müsse sich Sisyphos „als einen glücklichen Menschen vorstellen“[19], gilt hier nun jedoch weniger denn je. Becketts Geher darf man sich keineswegs als glückliche Menschen vorstellen, sondern als Figuren, die weitermachen, die durchhalten, die Widerstand leisten.

Widerstand heißt nun allerdings nicht Konfrontation, ebensowenig wie Gehen Flucht heißt (der Selbstflüchtige in Becketts *Film* geht nicht, sondern er läuft, und die Flucht mißlingt ganz entschieden). Gehen und Widerstehen sind Becketts Methode, einen Kompromiß zwischen

---

[15] Ebd.

[16] Vgl. Friedhelm Rathjen, *Samuel Beckett*, Rowohlts Monographien 50678 (Reinbek bei Hamburg: Rowohlt 2006), S. 10, 13, 40 f.

[17] Samuel Beckett, „Fingal“, in *Mehr Prügel als Flügel*, a.a.O., S. 21-34, hier S. 31.

[18] Samuel Beckett, *Molloy*, Roman, üb. v. Erich Franzen (Frankfurt a.M.: Suhrkamp 1995), S. 217.

[19] Albert Camus, *Der Mythos von Sisyphos. Ein Versuch über das Absurde*, üb. v. Hans Georg Brenner u. Wolfdietrich Rasch (Hamburg: Rowohlt 1959), S. 101.

Fluchtimpuls und Konfrontation zu finden, diesen Unerträglichkeiten, zwischen denen zumindest der junge Beckett permanent in der Falle saß. Die Lösung, die Beckett für dieses Dilemma fand, bestand darin, Distanz zu wahren: distanziert konnte er die Dinge ertragen, ohne daß er weglaufen mußte und ohne daß sie ihm zu sehr auf den Pelz rückten. Das Gehen ist eine Methode, diese Distanz zu wahren, freilich nicht unbedingt, sie zu vergrößern; die Bewegung des Gehens ist keine lineare, die von A nach B führt (was keine Lösung wäre, da der Vorteil, A entronnen zu sein, durch den Nachteil wettgemacht würde, B in die Arme zu laufen), es ist eine kreisende oder pendelnde Bewegung, ein Im-Kreis-Gehen oder ein Hin-und-her-Gehen.

Oder vielleicht sogar ein Gehen im Stehen, verharrendes Gehen. In diesem Sinne ist das bekannte Ende beider Akte von *Warten auf Godot* kein bloßer Witz: „Gehen wir!" hören wir da jeweils, doch die Bühnenanweisung lautet beide Male: „Sie gehen nicht von der Stelle."[20] In jenem Godot, der nie kommt, ist übrigens auch das Gehen enthalten, nämlich in Gestalt der englischen Vokabel „go" – warten Didi und Gogo also darauf, daß sie gehen dürfen, womöglich gar im Sinne von ‚abtreten'[21]? Gehen als Vergehen also – aber das ist ein außerliterarischer Wortgebrauch; in Becketts Werk ist das Gehen nie ein Vergehen,

---

[20] Samuel Beckett, *Warten auf Godot*, Stück in zwei Akten, üb. v. Elmar Tophoven, in *Theaterstücke*, Dramatische Werke I (Frankfurt a.M.: Suhrkamp 1995), S. 7-99, hier S. 72.

[21] Das Verb ‚gehen' als Umschreibung des Endes, des Todes war Beckett nicht fremd, wie seine Botschaft zum 100. Geburtstag von James Joyce zeigt: „Ich heiße die Gelegenheit willkommen, mich noch einmal, bevor ich gehe, tief zu verbeugen, vor seinem heroischen Werk, heroischen Sein." (Zitiert nach Eoin O'Brien, *The Beckett Country: Samuel Becketts Irland*, üb. v. Wolfgang Held (Frankfurt a.M.: Suhrkamp 1997), S. 310.)

immer ein Weitergehen. Charakteristisch ist nicht das „go" in „Godot", sondern das „go" in „go on".

Womit wir beim *Namenlosen* wären, bei demjenigen, der zu Ende geht, ohne enden zu können. Er sagt programmatisch: „man muß weitermachen, ich kann nicht weitermachen, man muß weitermachen, ich werde also weitermachen"[22] – und das „weitermachen" ist, wie die englische Fassung des Textes zeigt, ganz entschieden ein Weitergehen; *to go on* heißt die Devise. „I can't go on and I can't get back"[23], schreibt Beckett in dieser Phase an seinen Freund Thomas MacGreevy, also wörtlich: „Ich kann nicht vorangehen, und ich kann nicht zurückgehen." Aber er kann – und muß – weitergehen.

Die ersten Worte im *Endspiel*, gesprochen von Clov, lauten: „... Ende, es ist zu Ende, es geht zu Ende, es geht vielleicht zu Ende."[24] (Auch in der französischen Originalfassung erfolgt diese zunehmende Endabschwächung unter Zuhilfenahme des Verbs ‚gehen', nur in der englischen Version fehlt die Entsprechung.) Wenn etwas zu Ende *geht*, heißt das nicht mehr und nicht weniger, als daß es noch nicht zu Ende *ist*. Dieser Sachverhalt wird von Kritikern der angeblich totalen Hoffnungslosigkeit Becketts gern übersehen. Was endet, existiert noch; alles, was existiert, ist dabei, zu enden, geht also zu Ende, ist es

---

[22] Samuel Beckett, *Der Namenlose*, üb. v. Elmar Tophoven (Frankfurt a.M.: Suhrkamp 1995), S. 176.

[23] Samuel Beckett, Brief an Thomas MacGreevy, 14. Dezember 1953, zitiert nach Carola Veit, *Ich-Konzept und Körper in Becketts dualen Konstruktionen* (Berlin: Weidler 2002), S. 137: „I am very tired and stupid, more and more so in spite of my often resting in the country, and I feel more and more that I shall perhaps never be able to write anything else. Niemand wandelt unbestraft on the road that leads to *L'Innomable*. I can't go on and I can't get back. Perhaps another play some day."

[24] Samuel Beckett, *Endspiel*, Stück in einem Akt, üb. v. Elmar Tophoven, in *Theaterstücke*, a.a.O., S. 101-151, hier S. 104.

aber noch nicht. Mit der Geburt beginnt der Verfall, doch solange der Verfall fortschreitet, ist noch etwas da. Sowie jemand oder etwas los geht, geht es bereits dem Ende entgegen; solange es noch geht, ist das Ende immerhin noch nicht eingetreten, geht also „Irgend etwas" immer noch „seinen Gang."[25] Becketts Figuren mühen sich deswegen mit immer schwerer werdenden Schritten, weiter zu gehen und weiterzugehen, das Gehen fortzusetzen und hinauszuzögern – wozu es auch förderlich sein kann, das Gehen zu verlangsamen. Die Freuden des (stets rasanten) Radfahrens wären in diesem Sinne kontraproduktiv.

Mit Fluchtimpulsen hat das Gehen nur vermittelt zu tun; es ist eine Reaktion auf Fluchtimpulse, aber das Gehen ist nicht die Flucht selbst, es ist ein Weg, mit diesem Impuls umzugehen, ohne ihm nachzugeben. Beckett hat die Existenzweise Hamms und Clovs im *Endspiel* einmal folgendermaßen beschrieben: „Sie halten ihr ‚Ding' aus, indem sie sich davon fortprojizieren, Clov nach außen Richtung Weggehen, Hamm nach innen Richtung Sichabfinden."[26] In der Tat handelt es sich um Projektionen; wir erleben im *Endspiel* ständig, daß Clov geht, freilich geht er nicht weg, sondern er geht auf der Bühne herum, hin und her – er geht weiter. Das Gehen, wie Clov es praktiziert und wie es auch von anderen Beckett-Figuren praktiziert wird, ist kein Weggehen des Ich, sondern es ist ein gehendes Hinwegschaffen der Außenwelt, dessen, was

---

[25] Ebd., S. 121.

[26] Übersetzt nach *No Author Better Served. The Correspondence of Samuel Beckett and Alan Schneider*, hg. v. Maurice Harmon (Cambridge (Mass.): Harvard University Press 1998), S. 22. (Brief an Alan Schneider vom 21. November 1957; Originalwortlaut: „They endure their 'thing' by projection away from it, Clov outwards towards going, Hamm inwards towards abiding. When Clov admits to having his visions less it means that his escape mechanism is breaking down.")

nicht Ich ist. Indem sie gehen, bringen die Figuren alles auf Distanz, nicht so sehr in räumlicher, sondern eher schon in zeitlicher Hinsicht: begangenes Terrain wird vergangenes Terrain, Gehen verwandelt allzu bedrängende Gegenwärtigkeit in Ver-Gangen-Heit.

Fluchtimpulse im Zusammenhang mit der Bewegung des Gehens begegnen uns auch in Becketts Prosatext *Der Verwaiser*, wo wir lesen: „Seit jeher geht das Gerücht, oder noch besser, gilt der Gedanke, daß es einen Ausweg gibt“[27] – Auswege sind die Idealform von Wegen, die zu gehen eine positive Veränderung bringt. Gerade deshalb sind Auswege in Becketts Werk natürlich immer verschlossen oder gar inexistent. Im *Verwaiser* lernen wir, daß es zwei Fraktionen gibt; die einen meinen, der Ausweg müsse sich an der Zylinderdecke befinden, die unerreichbar ist, die anderen glauben, er befinde sich wohl doch irgendwo als Tunnel an den Wänden, man müsse ihn nur finden. Wie wir weiter erfahren, „verschiebt sich der Ausweg unmerklich vom Tunnel zur Decke“[28], wird also zusehends als unerreichbar abgehakt. Das könnte man als Hoffnungslosigkeit begreifen, eigentlich ist es aber genau das Gegenteil. Mit messerscharfem Kalkül erhöhen Becketts Figuren nämlich die Wahrscheinlichkeit, daß es einen Ausweg gibt, indem sie die Wahrscheinlichkeit verringern, man könnte ihn finden oder erreichen. Genaugenommen triumphiert hier das Prinzip Hoffnung über das Prinzip Enttäuschung; Becketts Figuren sind in diesem Sinne tatsächlich Hoffnungsfiguren, denn sie halten sich Wege und Möglichkeiten offen, indem sie darauf verzichten, sie zu beschreiten; wenn Becketts Figuren gehen, gehen sie zwar auf etwas zu, doch nie ganz zu etwas hin –

---

27 Samuel Beckett, *Der Verwaiser*, üb. v. Elmar Tophoven, in *Erzählungen*, a.a.O., S. 211-238, hier S. 218.

28 Ebd.

Annäherungen sind produktiver, wenn sie eine gewisse Distanz wahren. Deswegen ist das Gehen der Beckettschen Figuren immer ein ritualisiertes Gehen, ein Gehen auf ritualisierten Wegen, die sich immer mehr in die Länge ziehen, bis sie – tendenziell oder wortwörtlich – unendlich geworden sind.

Wer vom Gehen spricht, muß auch von Wegen sprechen, nicht von Auswegen, sondern eben von Wegen ohne Ausflucht und ohne Ende. Was es mit den Wegen Becketts auf sich hat, beginnt uns zu dämmern, wenn wir seinen kurzen Text „weder noch" aus dem Jahr 1976 ganz genau lesen, einen Text, den Beckett selbst als die Essenz seines Daseins bezeichnet hat:

> hin und her im Schatten vom innern zum äußern Schatten
>
> vom unergründlichen Selbst zum unergründlichen Nicht-selbst
> weder so noch so
>
> wie zwischen zwei erleuchteten Zufluchten deren Türen beim Nähern
> sacht sich schließen, beim Abwenden
> sacht wieder sich öffnen
>
> gesandt her und hin und abgewandt
>
> ungeachtet des Wegs, bedacht auf den einen Schimmer
> oder den andern
>
> ungehörte Schritte einziger Laut
>
> bis zuletzt einhalten für immer, fort für immer
> vom Selbst und dem andern
>
> dann kein Laut
>
> dann sachtes Licht unverlöschlich auf jenem unbedachten
> weder noch

unsprechbares Zuhause[29]

Hier irrt das Text-Ich also unablässig hin und her, zwischen zwei Zielen, die es beide nie erreicht, und zwar auf einem Weg, den es nicht beachtet. Dieser unbeachtete Weg verwandelt sich am Ende offensichtlich in das ‚unbedachte weder noch' als einzig möglichem, aber nicht in Worte zu fassendem Zuhause. Daß das unbenennbare „weder noch", dieses Beckettsche Grundprinzip, in der Tat mit jenem Weg identisch ist, auf dem es unablässig hin und her geht, wird im englischen Original noch deutli-

---

[29] Übersetzt nach Samuel Beckett, „neither", in *Journal of Beckett Studies* 4 (1979), S. vii, unter Berücksichtigung einer Ergänzung aus dem Editorial von *Journal of Beckett Studies* 5 (1980), S. 6. (Originalwortlaut: „to and fro in shadow from inner to outer shadow // from impenetrable self to impenetrable unself / by way of neither // as between two lit refuges whose doors once neared / gently close, once turned away from / gently part again // beckoned back and forth and turned away // heedless of the way, intent on the one gleam / or the other // unheard footfalls only sound // till at last halt for good, absent for good / from self and other // then no sound // then gently light unfading on that unheeded / neither // unspeakable home".) Alle Abdrucke des Textes in englischen und amerikanischen Beckett-Ausgaben sind mehr oder minder stark korrupt. – Beckett selbst beharrte darauf, der Text sei kein Gedicht, sondern ein Stück Prosa; demnach wäre der Zeilenfall nicht beabsichtigt, sondern zufällige Folge des von Beckett bei der Niederschrift benutzten kleinen Papierformats. – Es existiert inzwischen eine gleichsam ‚offizielle' deutsche Fassung des Textes (Samuel Beckett, „weder noch", üb v. Erika Tophoven-Schöningh, in *Dante und der Hummer. Gesammelte Prosa* (Frankfurt a.M.: Suhrkamp 2000), S. 272), außerdem kursieren mehrere Alternativversionen. Zu den diversen Lesarten und zur Übersetzungsproblematik vgl. Friedhelm Rathjen, „Distanzierende Annäherung. Von Versuchen, Samuel Becketts ‚neither' zu setzen und zu übersetzen", in Olaf Kutzmutz u. Adrian La Salvia (Hg.), *Halbe Sachen. Wolfenbütteler Übersetzergespräche IV-VI. Erlanger Übersetzerwerkstatt I-II* (Wolfenbüttel: Bundesakademie für kulturelle Bildung 2006), S. 360-373; Nachdruck in Rathjen, *Doublin' Dublin*, a.a.O., S. 155-167.

cher, dort vollzieht sich die Bewegung „by way of neither“: eigentlich müßte man das als „auf dem Wege des weder noch“ übersetzen, wenn das nicht so umständlich klänge (auch beim Übersetzen Becketts gibt es zwar Wege zum Ziel, das Ziel ist freilich oft unerreichbar).

Solche weder-noch-Wege finden sich, wenn man genau hinschaut, sehr häufig in Becketts späterem Werk, oft bezeichnet durch einen virtuos-unaufdringlichen Gebrauch der englischen Vokabeln ‚way‘ (Weg), ‚always‘ (immer) und ‚away‘ (fort oder hinweg). Becketts Wege setzen sich auf immer fort, sie führen fort von etwas und nur selten zu etwas hin. Becketts weder-noch-Weg ist der Weg seiner Kunst, ein Weg der unablässigen Erneuerung durch unablässige Wiederholung. Wer auf einem dieser Wege ist, ist ständig unterwegs, ohne je an einen anderen Ort zu gelangen, die Figuren treten auf der Stelle. Alle Wege – das englische ‚always‘, das man eigentlich penetrant mit dem sehr altmodischen deutschen Begriff ‚allerwegs‘ übersetzen müßte, deutet es an – sind immer gleich, sie sind tatsächlich unendlich. In der Hoffnung auf jene Auswege, deren Zugänge sie vorsichtshalber immer weiter von sich fort lokalisieren, um nicht so rasch enttäuscht werden zu können, ziehen Becketts Figuren ihre Wege immer mehr in die Länge (vielleicht nicht räumlich, doch zumindest zeitlich), bis sie ein langes Stück Unendlichkeit (und eine lange Spanne Hoffnung) gerettet haben.

Wenn man die Originalfassungen der Texte, die Beckett ursprünglich auf englisch schrieb, aufmerksam auf das Vorkommen der Begriffe ‚way‘, ‚always‘ und ‚away‘ durchsucht[30], stellt man fest, daß gerade in den sehr kon-

---

[30] Vgl. Friedhelm Rathjen, „Neitherways: Long Ways in Beckett’s Shorts“, in Dirk Van Hulle u. Mark Nixon (Hg.), *“All Sturm and no Drang”. Beckett and Romanticism. Beckett at Reading 2006* (= *Samuel Beckett Today / Aujourd’hui* 18, Amsterdam / New York:

zentrierten späten Texten ‚way', ‚always' und ‚away' häufig in Clustern auftreten und sich gegenseitig mit zusätzlichen Sinnschichten aufladen. ‚Always' heißt dann nicht nur einfach ‚immer', sondern läßt die Gesamtheit aller Wege und Möglichkeiten in eins fallen; ‚away' ist nicht einfach nur ‚fort', sondern das Wegbewegen auf Wegen, das Gehen auf Wegen ins Leere. Becketts kürzester Text lautet: „away dream all away"[31].

Nun bezeichnen ‚always' und ‚away' ihrem üblichen Wortsinn gemäß eigentlich nahezu Gegensätzliches; ‚always' zielt auf etwas Dauerhaftes, während ‚away' den Umstand bezeichnet, daß etwas gerade nicht von Dauer ist, sondern weggeht, aufhört. Beckett jedoch nähert auch diese scheinbaren Gegensätze einander an. Er verwendet das Wörtchen ‚away' gerne in der Nebenbedeutung ‚drauflos'; entsprechend der verbreiteten Wendung ‚to work away' (also ‚drauflosarbeiten') benutzt Beckett für andauernde Tätigkeiten gern Formulierungen wie „squeeze away", „muttering away", und wenn es in dem kurzen Stück *Ohio Impromptu* (in dem es nicht zuletzt um Spaziergänge geht) heißt, jemand lese mit einer sich stetig

---

Rodopi 2007), S. 161-172; deutschsprachige Fassung u.d.T. „Neitherways. Lange Wege in kurzen Beckett-Texten" im vorliegenden Band, S. 31-49.

[31] Der Text, ein einzeiliges Gedicht, wird zitiert und übersetzt in Friedhelm Rathjen, „Knappster Beckett", in *Durch dick und dünn. Über Marianne Fritz, Gertrude Stein, Arno Schmidt, António Lobo Antunes und andere Autoren von Gewicht* (Scheeßel: Edition ReJoyce 2006), S. 163 f; nachgedruckt im vorliegenden Band, S. 51-53. In deutschen und englischsprachigen Beckett-Ausgaben ist der Text nicht enthalten; die einzige Ausgabe, die das (1981 auf Bitte der Zeitschrift *Orange Export Ltd.* geschriebene) Gedicht berücksichtigt, wenn auch nur im Nachwort, ist eine schwedische; vgl. Magnus Hedlund, „Översättarens Efterskrift", in Samuel Beckett, *Dikter*, üb. u. hg. v. Magnus Hedlund (Viborg: Bonniers 2001), S. 152-157, hier S. 157: die englische Originalfassung ohne Übersetzung.

wiederholenden traurigen Geschichte „the long night away“[32], dann wird die Nacht nicht nur hinweggelesen, sondern die Nacht wird dadurch zu einem dauerhaften Zustand, zu einer endlosen Wegstrecke. (In der deutschen Übersetzung sind diese Feinheiten naturgemäß so nicht nachvollziehbar.)

Andererseits ist das, was als ‚always‘ bezeichnet wird, bei Beckett keineswegs so dauerhaft, wie man meinen müßte; alle Wege sind endlos und hören doch irgendwo auf – zwar sind Becketts weder-noch-Wege gleichzeitig immer-Wege, aber diese immer-Wege finden ihre Grenzen, haben Anfang und Ende. Bisweilen träumen Becketts Stimmen (etwa in „Um abermals zu enden“) von einem paradoxen „Weg durch einen Raum ohne hier, ohne da, wo alle Schritte der Welt sich nie irgend etwas nähern, sich nie von irgend etwas entfernen.“[33]

In der Fabel *Gesellschaft* steht folgende biographisch grundierte Passage über einen Geher:

> Du zählst deine Schritte nicht mehr. Aus dem einfachen Grund, weil sie jeden Tag die gleiche Zahl ergeben. Durchschnittlich Tag für Tag die gleiche. Da der Weg immer der gleiche ist. [...] Deines Vaters Schatten ist nicht mehr bei dir. Er hat es seit langem aufgegeben. Du hörst deine Schritte nicht mehr. Ohne zu hören und zu sehen, gehst du deinen Weg. Tag für Tag. Den gleichen Weg. Als gebe es keinen anderen mehr. Für dich gibt es keinen anderen mehr.[34]

---

[32] Samuel Beckett, *Ohio Impromptu*, in *The Complete Dramatic Works* (London: Faber 1986), S. 443-448, hier S. 447.

[33] Samuel Beckett, *Um abermals zu enden und anderes Durchgefallenes*, üb. v. Elmar Tophoven, in *Szenen Prosa Verse* (Frankfurt a.M.: Suhrkamp 1995), S. 155-175, hier S. 175.

[34] Samuel Beckett, *Gesellschaft*, üb. v. Elmar Tophoven, ebd., S. 177-209, hier S. 195.

Der hier beschriebene Weg – „way" im Original –, scheint immer gleich – „always the same" –; wenn wir ganz genau lesen, widerspricht sich der Text aber selbst, denn wenn bestimmte Dinge „nicht mehr" sind, wie sie früher waren, wenn sie „aufgegeben" wurden, dann muß sich etwas geändert haben, und es stimmt nicht, daß der Weg „immer der gleiche ist"; dieses Immergleiche war nicht immer schon da – tatsächlich sind Becketts immer-Zustände so angelegt, daß sie irgendwann einmal begonnen haben und irgendwann enden werden (oder zumindest enden können). Ist das ein logischer Widerspruch? Sicher ist es das; allerdings schrieb Beckett ja keine logischen Abhandlungen, sondern hochkonzentrierte Kunstwerke, in denen möglich wird, was anderswo nicht existiert. Sehr schön dargestellt findet sich das Beckettsche Paradoxon von der Veränderlichkeit des unveränderlichen Gehens auf unendlichen Wegen im übrigen in dem zweiteiligen Fernsehspiel *Quadrat 1 + 2*, in dem Figuren auf einer Spielfläche auf exakt festgelegten Wegen in streng choreographierten Abläufen herumgehen. *Quadrat 1* ist so angelegt, daß es einen unveränderlichen Prozeß vorführt; dennoch erleben wir in *Quadrat 2*, daß sich halt – und sei es nach zigtausend Jahren – doch etwas verändert hat: die Schritte sind langsamer geworden, die Farben sind ausgeblichen, das Licht ist verblaßt.

Ein schönes Beispiel für die Art und Weise, wie Beckett gezielt nach Wegen zu logischen Widersprüchen sucht, ist der kurze zweiteilige Text „The Way", an dem Beckett 1981 arbeitete, ohne ihn je zur Veröffentlichung freizugeben. Beschrieben wird darin ein Fußpfad in Form einer Acht (oder des mathematischen Unendlichkeitssymbols), der einen Hang hinauf- und wieder hinabläuft, sich dabei selbst kreuzend:

> Der Weg wand sich hinauf vom Fuß zum Gipfel und dann auf anderem Weg. Voran wieder hinab. Die Wege kreuzten sich auf halbem Weg mehr oder minder. Ein bißchen mehr beziehungsweise weniger auf halbem Weg hinauf beziehungsweise herab. Die Wege waren Einbahnweg. Kein Zurückgehen den Hinaufweg wieder herab oder wieder hinauf den Herabweg. Weder komplett von Gipfel oder Fuß noch zum Teil von unterwegs. Der einzige Weg zurück war der voran und voran war stets zurück. [...] Dornen hemmten den Weg. Die Wege. [...] Hin und her überkreuz über einen kahlen selben Einbahnweg.[35]

Wie die Lektüre zeigt, kann Beckett allein durch die präzise Beschreibung dieses Wegs darlegen, daß scheinbar widersprüchliche Dinge in der Tat in eins fallen können: Eine Einbahnstraße kann, wenn sie in dieser 8-Form verläuft, wieder zum Ursprung führen; ein Vor kann ein Zurück sein; ein Weg ohne Ende kann (am Kreuzweg) sich selbst treffen. Was auch heißt: das System des Gehens ohne Ende und ohne Veränderung ist geschlossen, aber hintergehbar.

---

[35] Übersetzt nach Samuel Beckett, „The Way“, Faksimile in Carlton Lake (Hg.), *No Symbols Where None Intended. A Catalogue of Books, Manuscripts, and Other Materials Relating to Samuel Beckett in the Collections of the Humanities Research Center* (Austin: Humanities Research Center, University of Texas at Austin 1984), S. 173. (Originalwortlaut: „The way wound up from foot to top and thence another way. On back down. The ways crossed midway more and less. A little more and less than midway up and down. The ways were one-way. No retracing the way up back down nor back up the way down. Neither in whole from top or foot nor in part from on the way. The one way back was on and on was always back. […] Thorns hemmed the way. The ways. […] Forth and back across a barren same winding one-way way.“)

Die Bewegungsfähigkeit von Becketts Figuren nimmt mit fortschreitender Werkentwicklung tendenziell ab, und das hat auch Auswirkungen auf ihr Gehverhalten. Die Gestalten des Spätwerks unternehmen naturgemäß keine weiten Überlandwanderungen mehr, sondern sie schreiten sehr begrenzte Arenen oder Bühnenräume ab. Wenn sie nur noch sitzen können, verwandelt sich ihr Gehen in ein Schaukelstuhlschaukeln; die Funktion ändert sich dadurch nicht, es geht darum, durch rhythmisch-kontinuierliches Bewegen des Körpers den Kopf in Gang und die bedrängende Außenwelt auf Distanz zu halten.

Gegangen wird selbst da noch, wo die Figuren nur noch liegen oder sitzen und träumen oder schauen können wie in Becketts letztem Prosatext *Stirrings Still*, zu deutsch *Immer noch nicht mehr*, dessen regloses Ich sich aufstehen und gehen sieht[36]. Als eine sehr abstrakte Meditation über das Gehen kann auch ein vierzeiliges titelloses Gedicht gelesen werden, das Beckett noch in seinem letzten Lebensjahr schreibt:

> Geh wo niemals zuvor
> Sobald erst da schon immer da
> Ganz egal wo niemals zuvor
> Sobald erst da schon immer da[37]

Wenn man das „always" des Originals statt durch „immer" lieber durch „allwegs" übersetzen möchte, kann man auch das tun und beschreitet sehr Beckettsche Wege; in jedem Fall suggeriert das Gedicht Becketts Geh-Wege zu einem

---

[36] Vgl. Samuel Beckett, *Immer noch nicht mehr*, üb. v. Erika Tophoven-Schöningh, in *Dante und der Hummer*, a.a.O., S. 352-357, hier S. 357.

[37] Übersetzt nach Samuel Beckett, „Go where never before", in *Poems 1930-1989* (London: Calder 2002), S. 46. (Originalwortlaut: „Go where never before / No sooner there than there always / No matter where never before / No sooner there than there always".)

Ort, an dem das lyrische Ich noch niemals war – als es endlich dorthin gelangt, war es freilich immer schon da. Der Weg führt den Gehenden also an einen weder-noch-Ort, der weder bekannt noch unbekannt ist.

Beckett selbst hat, als er im Alter zu Selbstinszenierungen einige Zeit in Berlin war und sich die freie Zeit mit langen Stadtwanderungen vertrieb, auf die Frage, was er denn dabei Schönes zu sehen kriege, auf die „Lücken zwischen den Häusern"[38] verwiesen. Becketts Gehen will in der Tat nicht auf das hinaus, was da ist, sondern auf die Lücken dazwischen – auf eine Leere, die durch die Wege, die dorthin führen, erst sichtbar wird. Becketts Gehen schafft die Lücken eigentlich erst, Becketts Gehen schafft Distanz und Distanzen, schafft neue Räume nicht im konkreten, sondern im übertragenen Sinne. Solange Beckett geht, ist er unterwegs; er geht – und es geht – weiter. Solange Beckett geht, bleibt er folglich auch. Er bleibt unterwegs auf Wegen, die nirgendwo anfangen und nirgendwo hinführen.

Die ausgefeiltesten Fassungen von Becketts Weg stammen aus den 70er Jahren, als Beckett mit abstrakten Formen der Wahrnehmung und des Sprechens experimentierte. In den Texten dieser Zeit läßt sich eine Trias aus drei wichtigen Elementen finden: Auge, Stimme, Weg – oder anders ausgedrückt: Sehen, Sagen und Gehen. Diese drei Elemente lassen sich mit einer anderen Trias verbinden, die Becketts Gesamtwerk zugrunde liegt, nämlich dem Dreischritt aus Perzeption, Expression und Imagination[39]. Perzeption und Expression können auch als eine der cha-

---

[38] Erinnerungen von Lawrence Held in James u. Elizabeth Knowlson (Hg.), *Beckett Erinnerung*, üb. v. Christel Dormagen (Frankfurt a.M.: Suhrkamp 2006), S. 232-239, hier S. 234.

[39] Vgl. dazu ausführlich Friedhelm Rathjen, *Beckett. Eine Einführung ins Werk* (Scheeßel: Edition ReJoyce 2007), S. 41-132.

rakteristischen Binärpaarungen begriffen werden, von denen es in Becketts Werk geradezu wimmelt; meist sind die Figuren und Textstimmen Becketts zwischen solchen Binärpaaren gefangen, und zwar besonders dann, wenn es sich um Gegensatzpaare handelt. Dem Denkmodell der *Coincidentia Oppositorum* zufolge, das Beckett früh bei Giordano Bruno fand[40], sind Gegensätze identisch, und deswegen gibt es keinen Ausweg aus dem Gefängnis, das sie bilden. Die beiden sich öffnenden und schließenden Türen, zwischen denen das Text-Ich von „weder noch" unablässig hin- und herpendelt, bildet ein solches Binärpaar ohne Ausweg. Wo es aber keinen Ausweg gibt, gibt es zumindest einen Weg dazwischen, einen Weg des endlosen Hin und Her, mit dem ein Zwischenraum geschaffen wird, der den zwei Polen etwas Drittes abringt. Dieser Weg führt zu nichts und ändert nichts (und das könnte man als Hoffnungslosigkeit begreifen); wer sich dazu aufrafft, diesen Zwischenweg immer weiter zu beschreiten, behält jedoch zumindest einen Rest von Hoffnung.

Solange Becketts Figuren in Bewegung bleiben (und sei diese Bewegung auch durch die Mauern eines geschlossenen Raums begrenzt), solange sind sie auch in der Lage, sich zumindest vorübergehend an einen anderen Ort zu versetzen – imaginierend oder in ihren Träumen. Selbst da, wo es keinen Ausweg gibt, läßt sich also noch das Weite suchen und vielleicht finden; selbst da, wo ein endloses Immergleich (das große ‚Always') herrscht, sind die weder-noch-Wege noch möglich.

Künstlerische weder-noch-Wege sind das, wonach Beckett noch in den ausweglosesten Situationen strebt. Angesichts der Grenzen, die ihm und seinen Textstimmen immer wieder von starren Schwarzweiß-Paarungen gesetzt wird, sucht er sich dritte Wege zu eröffnen und in

---

[40] Vgl. ebd., S. 21-39.

neue Räume vorzudringen. Mit anderen Worten: Beckett ist immer dabei, neue Wege zu finden, Wege aus der Erstarrung, Wege zur Überwindung aller Begrenzungen, Lücken in den Festlegungen der Welt.

Und dies ist keineswegs nur eine abstrakte Denkfigur, sondern eine Methode, im Angesicht von Fesseln und Grenzen weiter mit der Welt umgehen zu können. Becketts Figuren befinden sich an Orten und in Situationen, die eigentlich keine Möglichkeiten mehr zulassen, und doch versuchen sie das Unmögliche und halten aus – paradigmatisch die Stimme des Romans *Der Namenlose*, die am Ende fast heroisch erkennt, daß man, auch wenn man nicht weitermachen kann, unbedingt weitermachen muß. Dieses Weitermachen ist ganz entschieden ein Weitergehen: es geht (und Becketts Figuren gehen) weiter, im übertragenen wie im ganz konkreten Sinne. Noch Becketts allerletzter Prosatext, *Immer noch nicht mehr* von 1988, entspringt dem Impuls, in einer erstarrten Welt einen neuen Weg zu beschreiten: „Eines Nachts als er den Kopf auf den Händen am Tisch saß sah er sich aufstehen und gehen.“[41]

Wer hier bei aller niederdrückenden Schwere immer noch aufstehen und weitergehen will, das ist nicht zuletzt Samuel Beckett selbst. Seit dem Abschluß seiner grandiosen Romantrilogie *Molloy / Malone stirbt / Der Namenlose* zu Beginn der 50er Jahre hat Beckett fast unablässig davon gesprochen, er könne nicht mehr schreiben, wisse nichts mehr zu sagen, habe „nichts mehr im Kopf außer falschen Zähnen“[42] – und dennoch hat er sich in den verbleibenden vier Jahrzehnten immer wieder etwas Neues

---

[41] Beckett, *Immer noch nicht mehr*, a.a.O., S. 357.

[42] Übersetzt nach *Images of Beckett*, Photographien v. John Haynes, Text v. James Knowlson (Cambridge: Cambridge University Press 2003), S. 21.

abgerungen, am Ende jedes Wegs immer wieder einen Impuls zum Weitergehen gefunden – stillzuhalten vermochte seine Schreibhand ebensowenig wie die Füße. Im Grunde entspringt sogar Becketts gesamtes Werk dem Entschluß, da weiterzugehen, wo ein Weg erschöpft scheint. Angefangen hat er in den späten 20er Jahren als Schützling des Alleskönners James Joyce, mußte aber rasch einsehen, daß Joyce schon das Ende eines Wegs erreicht hatte und es von dort kein Weiter geben konnte: „Ich erkannte, daß Joyce, so weit es eben geht, vorgedrungen ist in Richtung des Mehr-Wissens, der Beherrschung des Materials“[43] – Beckett „erkannte aber auch, daß ich nicht denselben Weg gehen konnte“[44], und folglich macht er sich ganz bewußt in die andere Richtung auf, beschreitet den entgegengesetzten Weg, den der bewußten Verarmung. Seitdem hat Beckett sich planmäßig alle Wege, alle Möglichkeiten verbaut und sich dadurch gezwungen, in der Konzentration auf den ganz eigenen Ort durchzuhalten, grandios scheiternd zwar, doch ohne jemals aufzugeben. Schon der Namenlose spricht davon, daß er sich genötigt sieht, „einmal entledigt, wieder zu beginnen, von nirgends, niemand und nichts aus, um von neuem hierher zu gelangen, auf neuen Wegen zwar, oder auf alten, jedoch immer unkenntlichen.“[45]

Die Wege Becketts sind unerschöpflich.

[43] James Knowlson, *Samuel Beckett. Eine Biographie*, üb. v. Wolfgang Held (Frankfurt a.M.: Suhrkamp 2001), S. 444.
[44] Ebd., S. 145.
[45] Beckett, *Der Namenlose*, a.a.O., S. 21.

Neitherways
Lange Wege in kurzen Beckett-Texten

Wenn Beckett ein bestimmtes Wort benutzt, tut er dies höchst bewußt, und wenn er es in einem anderen Text wieder benutzt, so können wir uns recht sicher sein, daß die Wiederholung intendiert und zielgerichtet ist. Zumindest in Becketts späten Arbeiten gilt dies sogar für so unauffällige und unverdächtige Wörter wie „way", „always" und „away". Eine genaue Prüfung des Vorkommens dieser Begriffe in einigen hochkondensierten und -konzentrierten späten Texten zeigt, daß das Lexem „way" zumeist in Clustern auftritt, die einen von der Alltagsbedeutung der betreffenden Begriffe signifikant abweichenden Bedeutungsgehalt transportieren.

*

Den Anstoß zu diesem Beitrag gab eine Untersuchung von „neither"[1], dem kurzen Text, den Beckett 1976 für Morton Feldman schrieb. „neither" läßt sich als Weiterentwicklung und Modifikation eines französischen Gedichts lesen, das Beckett fast dreißig Jahre zuvor schrieb; seine Selbstübersetzung ins Englische beginnt mit der Zeile „my way is in the sand flowing", und die zweite der zwei Gedichtstrophen lautet:

---

[1] Vgl. Friedhelm Rathjen, „Distanzierende Annäherung: Von Versuchen, Samuel Becketts ‚neither' zu setzen und zu übersetzen", in Olaf Kutzmutz u. Adrian La Salvia (Hg.) *Halbe Sachen. Wolfenbütteler Übersetzergespräche IV-V. Erlanger Übersetzerwerkstatt I-II* (Wolfenbüttel: Bundesakademie für kulturelle Bildung 2006), S. 360-173; wieder abgedruckt in Friedhelm Rathjen, *Doublin' Dublin. Vorträge und anderes zu James Joyce und Samuel Beckett* (Südwesthörn: Edition ReJoyce 2012), S. 155-167.

my peace is there in the receding mist
when I may cease from treading these long shifting thresholds
and live the space of a door
that opens and shuts[2]

Sowohl der „way“ als auch die „door“ taucht in „neither“ wieder auf, wo die Beziehung zwischen beidem sich allerdings gewandelt hat – die eine „door“ ist zu zweien geworden, und der „way“ befindet sich nun zwischen diesen Türen. Zur Verdeutlichung möchte ich den kompletten Text zitieren; man achte bitte besonders auf die Lexeme „way“ und „heed“:

to and fro in shadow from inner to outer shadow

from impenetrable self to impenetrable unself by way of neither

as between two lit refuges whose doors once neared gently close, once turned away from gently part again

beckoned back and forth and turned away

heedless of the way, intent on the one gleam or the other

unheard footfalls only sound

till at last halt for good, absent for good from self and other

then no sound

then gently light unfading on that unheeded neither

unspeakable home[3]

---

[2] Samuel Beckett, *Poems 1930-1989* (London: Calder 2002), S. 67.

[3] Soweit ich sehe, sind alle ‚offiziellen‘ Abdruck von „neither“ auf die eine oder andere Weise korrupt. Als Textgrundlage benutze ich hier die Fassung in S. E. Gontarskis Edition der Kurzprosa Becketts

Der Begriff „unheeded" in Abschnitt 9 bezieht sich zweifellos auf das Wort „heedless" in Abschnitt 5 zurück; wenn wir aber „that unheeded neither" mit „heedless of the way" verknüpfen, scheinen „the way" und „that [...] neither" identisch zu sein. Indem sie „that [...] neither" ein „unspeakable home" nennt, bestätigt die Textstimme, daß der Begriff „neither" einen Ort bezeichnet; dieser Ort ist kein fester, sondern ein sich verschiebender – ein Weg. Wenn die Textbewegung sich dem Abschnitt 2 zufolge „by way of neither" vollzieht, sollten wir das Wort „way" wieder buchstäblich verstehen: der vom Text evozierte Weg ist ein „way of neither". In den Abschnitten 3 und 4 wird die Textstimme zweimal „turned away" von den Türen; dieser Prozeß des ‚turned a-way' meint tatsächlich, was er ausspricht: ein unaufhörliches Auf-dem-Weg-bleiben. Der Weg ist endlos und dauerhaft.

Der hier evozierte „way of neither" ist der Weg der Beckettschen Kunst: ein Weg der beständigen Erneuerung durch beständige Wiederholung. Sich auf diesem Weg zu befinden heißt, sich unablässig zu bewegen, ohne je den Ort zu verändern; der Ort, an dem sich Becketts Texte vollziehen, ist ein Ort des Auf-der-Stelle-Tretens, ein Ort, an dem unablässig ein Weg verfolgt wird, ohne daß man je weg kommt. Dieser Beckettsche Weg ist endlos – vielleicht nicht im Raum, aber zumindest in der Zeit, und dies heißt, daß er immer da ist. Das Wort ‚immer' taucht an der Textoberfläche von „neither" nicht auf, doch implizit herrscht hier auch ein Konzept der ‚alwaysness'. Diese ‚alwaysness' ist Endlosigkeit, wie Beckett in *That Time*

(*The Complete Short Prose, 1929-1989*, hg. v. S. E. Gontarski, New York: Grove Press 1995), allerdings im Lichte anderer Fassungen modifiziert. In Abschnitt 1 steht bei Gontarski „from inner to outershadow" (S. 258), doch die Zusammenziehung von „outer" und „shadow" läßt sich weder durch innere Logik noch durch einen Blick auf Becketts Originalmanuskript rechtfertigen.

durch die Formulierung „always winter then endless winter“[4] unterstreicht. Becketts Texte beschäftigen sich häufig mit dem Prozeß des Endens, aber selten oder überhaupt nie mit dem tatsächlichen Ende. Wer Becketts Arbeiten ihrer angeblichen Hoffnungslosigkeit wegen kritisiert, übersieht diesen fundamentalen Unterschied: solange sich etwas noch im Prozeß des Endens befindet, ist es noch nicht zu Ende (und wird es womöglich niemals sein). Becketts Endspiele neigen deswegen dazu, endlose Spiele zu sein – ‚alwaysgames‘ sozusagen. Becketts Wege (diese endlosen ‚ways of neither‘) sind Wege, die vielleicht zu etwas führen (womöglich sogar zu einem Ende), dieses Etwas aber nie erreichen, ob es nun ein Ende ist oder nicht.

Üblicherweise definieren sich Becketts Wege nicht über Ziele, Zwecke oder Destinationen, sondern über Auslöser – Becketts Wege sind tendenziell eher ‚ways away from‘ als ‚ways to‘, führen nicht zu etwas hin, sondern von etwas weg. Der klassische ‚Weg weg von etwas‘ ist der ‚Ausweg‘, der gelegentlich in Becketts Texten vorkommt, allerdings nur als vage Hoffnung und nie als Realität. In *The Lost Ones* „by insensible degrees the way out transfers from the tunnel to the ceiling prior to never having been“[5]. In „Long Observation of the Ray“, einem Text, an dem Beckett 1975 und 1976 arbeitete, ohne ihn je abzuschließen, richtet sich die Hoffnung der Textstimme auf einen Plan oder eine Methode „Which once found and set in action would afford way out and/or in. Assuming for no

4 Samuel Beckett, *That Time*, in *The Complete Dramatic Works* (London: Faber 1986), S. 393. – Die Formulierung „always winter“ gibt es schon dreimal in *Not I* (ebd., S. 382); in *... but the clouds ...* steht „always night“ (ebd., S. 421). In den beiden Texten wird impliziert, daß der Winter / die Nacht niemals endet.

5 Samuel Beckett, *The Lost Ones*, in *The Complete Short Prose, 1929-1989*, a.a.O., S. 207.

avowable reason search to be afoot. Search for such a thing. Search for anything“[6]. „If of way in and/or out no trace has yet appeared some perhaps may yet to some eye to come if any“[7]. Wie hier versuchen Becketts Figuren häufig, sich ihre Hoffnungen zu erhalten, indem sie einen äußerst subtilen Trick anwenden: sie erhöhen (oder erhalten zumindest) ihre Chancen darauf, daß es einen Ausweg gibt, indem sie die Chancen verringern, daß dieser Ausweg gefunden oder erreicht werden könnte. Je länger Becketts Wege sind, desto länger gibt es Hoffnung, daß diese Wege sich vielleicht als Auswege entpuppen könnten.[8] Deswegen verwandeln diese Wege sich nach und nach in endlose Wege, auf denen Becketts Figuren oder Textstimmen sich bewegen, um immer – ‚always‘ – in Gang zu bleiben.

‚Way‘, ‚away‘, ‚always‘ – dies sind die drei hauptsächlichen und häufigsten Wörter, in deren Gestalt das Lexem ‚way‘ in Becketts Texten auftritt. Angesichts der Tatsache, daß Samuel Beckett stets mit äußerster Detailgenauigkeit schrieb und daß er, wenn er ein bestimmtes Wort benutzte oder wiederholte, dies sehr bewußt und in einer bestimmten Absicht tat, dürfen wir davon ausgehen, daß selbst solche unauffälligen und unverdächtigen Wörter wie ‚way‘, ‚always‘ und ‚away‘ in Becketts hochkondensierten und -konzentrierten Texten der späten Werkphase in der Lage sind, einen von der Alltagsbedeutung der betreffenden Begriffe signifikant abweichenden Bedeu-

---

6 Samuel Beckett, „Long Observation of the Ray“: UoR MSS 2909 i-vi, Beckett Manuscript Collection, University of Reading (1977), S. ii.

7 Ebd., S. iv, gestrichen.

8 Hoffnung auf einen „Way out through the grey rift in dark“ (*The Complete Dramatic Works*, S. 429) gibt es auch in *A Piece of Monologue*, wo das Lexem ‚way‘ vor allem im Wort „away“ auftritt, das fünfmal vorkommt.

tungsgehalt zu transportieren. Schauen wir uns einmal den kürzesten aller Beckett-Texte an, ein einzeiliges Gedicht, das er 1981 für die Zeitschrift *Orange Export Ltd.* schrieb: „away dream all away“[9]. Eine oberflächliche Lektüre würde „dream“ sicherlich als Verb lesen und den Text als Aufruf verstehen, alles wegzuträumen. Es ist aber auch möglich, „dream“ als Substantiv zu lesen, und wenn wir außerdem die Möglichkeit zulassen, daß „away“ ein halbverborgenes ‚way‘ enthält, so entfaltet das Gedicht ein breites Spektrum möglicher Bedeutungen: ‚away-dream – all away‘; ‚a way – dream all – a way‘; ‚a way – dream – all a way‘; sogar ‚a way-dream – all a way‘ und so weiter. Dies ist natürlich ein Extremfall; sicherlich ist nicht jedes Auftreten der Begriff ‚away‘ und ‚always‘ in Becketts Texten von derart vielfältigen Ambivalenzen gezeichnet. Zumindest immer dann, wenn diese Begriff und das Substantiv nahe beieinander auftreten, werden ‚away‘ und ‚always‘ aber mit zusätzlichen Bedeutungen aufgeladen, die nicht ignoriert werden können.

Häufig treten das Lexem ‚way‘ und seine Ableitungen in Becketts späten Texten in Clustern auf. Eine systematische Überprüfung der Arbeiten, die Beckett nach 1965 ursprünglich auf englisch schrieb, ergibt folgendes Ergebnis: alle drei Wörter „way“, „always“ und „away“ finden wir in *Eh Joe*, *Not I*, *That Time*, „Heard in the Dark 1“, *Company* und *Worstward Ho* (dabei zusätzlich ein „half-way“ in „Heard in the Dark 1“ und *Company*, außerdem ebenfalls in *Company* ein „highway“ und den Plural „ways“); sowohl „way“ als auch „away“ tritt auf in „As the story was told“ (wo es außerdem ein „doorway“ gibt), „Sounds“, „neither“ „Long Observation of the Ray“ und *A Piece of Monologue*; sowohl „way“ als auch „always“ läßt

9 Samuel Beckett, *Dikter*, üb u. hg. v. Magnus Hedlund (Viborg: Albert Bonniers Förlag 2001), S. 157.

sich finden in „Still“ (wo zusätzlich „midways“ erscheint), *Footfalls*, *... but the clouds ...*, „The Voice“ (dort außerdem ein „wayfarer“), „The Way“ (dort außerdem „midway“, „one-way“, „crossways“ und der Plural „ways“) and *Stirrings Still*; sowohl „always“ als auch „away“ findet sich in „Still 3“. Außer „away dream all away“ gibt es nur drei Texte, in denen wir lediglich einen der hier interessierenden Begriff finden: in *Ohio Impromptu* benutzt Beckett „away“ allein, und nur einmal; in *What where* benutzt er wieder „away“, allerdings viermal; im vierzeiligen Gedicht „Go where never before“ steht zweimal „always“.

Aus Platzgründen kann ich hier nicht jedes einzelne Vorkommen der betreffenden Begriffe kommentieren; statt dessen möchte ich mich auf einige ausgewählte Fälle konzentrieren, in denen wir Varianten des Lexems ‚way‘ in enger Nachbarschaft vorfinden. In „As the story was told“ stolpern wir über „a small hut in a grove some hundred yards away, a distance even the loudest cry could not carry, but must die on the way“[10]. Hier bezieht sich „the way“ deutlich zurück auf „away“, wobei beide Begriffe sowohl eine Entfernung bezeichnen als auch die Möglichkeit oder Unmöglichkeit, diese Distanz auf die eine oder andere Weise zu überbrücken.[11] Das Adjektiv „away“ tritt auf der nächsten Seite erneut auf, als die Textstimme „a hand“ sieht, die „in the doorway“ erscheint und ihr etwas hinreicht: „a sheet of writing. I took and read it, then tore it in four and put the pieces in the

---

[10] Samuel Beckett, „As the story was told“, in *The Complete Short Prose, 1929-1989*, a.a.O., S. 255.

[11] Vgl. auch eine ähnliche Stelle in „Sounds“, einer Vorfassung von „Still“: „air [...] too still for even the lightest leaf to carry the brief way here and not die the sound not die on the brief way the wave not die away“ (ebd., S. 267).

waiting hand to take away"[12]. Dies ist eine von etlichen Stellen in Becketts Werk, wo ein erzwungener Akt der Textproduktion unter Zuhilfenahme des Worts „away" beschrieben wird: entweder wird ein unwilliger ‚confessor' gegen seinen Willen ‚taken away' (so in *What where*: „Take him away and give him the works until he confesses"[13]), oder das, was ‚confessed' wurde, wird ‚taken away' vom ‚confessor' wie in der zitierten Passage aus „As the story was told". Im Gegensatz zum üblichen Gebrauch scheint der Begriff ‚away' nicht das Ende von etwas zu bezeichnet, sondern den Prozeß, daß etwas (Sprache beispielsweise) dauerhaft gemacht wird. Der Akt des ‚awaying' scheint zumindest in einigen Texten Becketts ein Akt sein, durch den sprachliche Äußerung Dauerhaftigkeit erlangt.

Das ist nicht so abwegig oder wirr, wie es zunächst den Anschein haben könnte. Zugegebenermaßen bezieht sich im Alltagsgebrauch der Begriff ‚always' auf ein Konzept der Dauer und der Begriff ‚away' auf ein Konzept der Beendigung, wodurch beide Begriffe nahezu zu Gegensätzen werden. Das gilt freilich nicht für alle Bedeutungsnuancen. Dem *Oxford English Dictionary* zufolge hatte das Adjektiv ‚away' ursprünglich die Bedeutung: „On (his or one's) way; onward, on, along. Hence used also with *come*, as still in north. Eng. and Sc., where 'Come away' = 'come along, come on,' without reference to place left"[14]. Von dieser archaischen Bedeutung leitet sich eine moderne Bedeutungsvariante von ‚away' ab, die immer noch in Gebrauch ist: „Onward in time, on, continuously,

---

[12] Beckett, „As the story was told", a.a.O., S. 256.

[13] Samuel Beckett, *What where*, in *The Complete Dramatic Works*, a.a.O., S. 473, 475.

[14] *Oxford English Dictionary*, Second Edition, Complete Text Reproduced Micrographically (London: BCA 1994), Lemma „away", I.1.

constantly; with idea of continuance of action and progress; e.g. *to work away* = to go on working"[15]. Beckett gebraucht ‚away' häufig in diesem Sinne einer fortgesetzten Tätigkeit, beispielsweise in *Eh Joe*, wo Joe zum „squeeze away"[16] angehalten wird, in *Not I*, wo Mouth sich beklagt über „the brain ... raving away on its own"[17] und „flickering away"[18], während die Frau darauf wartet, „to be led away"[19], oder in *That Time*, wo Stimmen und Gestalten aus der Vergangenheit nicht nur beim „drowsing away" beschrieben werden, sondern auch beim „muttering away" und „drooling away"[20]. Wenn wir diese auf etwas Kontinuierliches abzielende Bedeutungsnuance im Hinterkopf behalten, verliert auch anderswo das Auftreten des Begriffs ‚away' in Becketts Texten seine scheinbare Eindeutigkeit. Ein Beispiel findet sich in *Ohio Impromptu*, wo von einem Leser gesagt wird: „So from time to time unheralded he would appear to read the sad tale through again and the long night away"[21]. Heißt dies, daß die Nacht zum Verschwinden gebracht wird, oder heißt es, daß die Nacht sich unaufhörlich fortsetzt?[22] Kurz darauf gibt es zunächst „no sound of reawakening"[23] und dann

---

15 Ebd., II.7.

16 Samuel Beckett, *Eh Joe*, in *The Complete Dramatic Works*, a.a.O., S. 365.

17 Samuel Beckett, *Not I*, ebd., S. 380.

18 Ebd., S. 381, 382.

19 Ebd., S. 381.

20 Beckett, *That Time*, a.a.O., S. 393.

21 Samuel Beckett, *Ohio Impromptu*, in *The Complete Dramatic Works*, a.a.O., S. 447.

22 Ein ähnlich komplizierter Fall findet sich in Samuel Beckett, *Worstward Ho* (London: Calder 1983), S. 44, wo es – nachdem das Wort „Away" dreimal im temporalen Sinn von ‚fort' aufgetreten ist – heißt: „Stare away to child and worsen same."

23 Beckett, *Ohio Impromptu*, a.a.O., S. 447.

doch einen „sound of reawakening"[24]. Wenn wir genau hinhören, hören wir sowohl ein ‚way' als auch ein ‚away' aus dem „reawakening" heraus – aber was bedeutet dann ‚re-away'?

Es scheint also so zu sein, daß sowohl ein Enden als auch ein Andauern zum Prozeß des ‚awaying' gehören können. ‚Awayness' kann sozusagen ein dauerhafter Zustand sein. ‚Alwaysness' scheint damit verglichen ein weniger mißverständliches Konzept zu sein, aber wenn wir uns Becketts Gebrauch des Begriffs ‚always' genauer ansehen, ist auch das gar nicht mehr so klar. Es scheint, daß ‚alwaysness' einen Anfang und ein Ende haben kann; oder zumindest, daß ‚alwaysness' als etwas begriffen werden kann, das einmal begonnen hat und einmal enden muß. In dem Gedicht „Go where never before" steht folgende scheinbar widersprüchliche Zeile: „No sooner there than there always"[25]; was besagt, daß die ‚alwaysness' gerade begonnen hat.[26] Hier hat es außerdem den Anschein, daß ‚alwaysness' ein Ort ist, an den man ‚gehen' kann, obwohl man dort „never before" gewesen ist; wenn man aber irgendwohin gehen möchte, benutzt oder nimmt man normalerweise einen ‚way'. Wir müssen daraus schließen, daß es Wege gibt, die zur ‚alwaysness' führen, zum ‚Immer', und daß diese Wege gleichzeitig Wege zur ‚awayness' sein können, zum ‚Hinwegsein'.

---

[24] Ebd., S. 448.

[25] Samuel Beckett, „Go where never before", in *Poems 1930-1989*, a.a.O., S. 46.

[26] Das Konzept einer ‚alwaysness', die sich erst im Laufe der Zeit herausbildet, wird ebenfalls impliziert in einer Passage von Samuel Beckett, *Company* (London: Calder 1980), S. 51, die auch enthalten ist in Samuel Beckett, „Heard in the Dark 1", in *The Complete Short Prose, 1929-1989*, a.a.O., S. 248: „You are no more tired now than you always were. Not because of age. You are no older now than you always were. And yet you halt as never before."

Wenn wir dies im Hinterkopf behalten, entfalten Becketts Texte Bedeutungsschichten, die weit unter den Oberflächensinn ausgreifen. Dies gilt besonders für das kurze Theaterstück *That Time*, in dem auf gerade einmal acht Textseiten „always“ elfmal erscheint, „away“ achtmal und „way“ sechsmal in verschiedenerlei Bedeutung. An einem Punkt des Textes beschwört Stimme A eine Szene aus Becketts frühen Jahren herauf:

> none ever came but the child on the stone among the giant nettles with the light coming in where the wall had crumbled away poring on his book well on into the night some moods the moonlight and they all out on the roads looking for him or making up talk breaking up two or more talking to himself being together that way where none ever came

Dann übernimmt Stimme C: „always winter then endless winter year after year as if it couldn’t end“[27]. Diese Formulierung „always winter then endless winter“ – eine Variante der früheren „always winter then always raining“[28] – unterstreicht wiederum, daß ‚alwaysness‘ mit Endlosigkeit gleichzusetzen ist, aber noch signifikanter ist Becketts Gebrauch von „away“ in „the wall had crumbled away“ und von „way“ in „being together that way“. Der Junge ruht hier an einem Ort, bei dem es sich um Barrington’s Tower zu handeln scheint, einen Zufluchtsort des jungen Beckett, während seine Familie „on the roads“ nach ihm sucht. Oberflächlich und wortwörtlich besehen sind die Leute da draußen ‚on the way‘, wohingegen der Turm als der Ort, „where none ever came“, ein Platz zu sein scheint, zu dem keine Wege führen – ‚out of the way‘ sozusagen, aus dem Weg. Beckett aber vermeidet das

---

[27] Beckett, *That Time*, a.a.O., S. 393.
[28] Ebd., S. 388, 392.

Lexem ‚way', während er von der Außenwelt spricht, während er es wiederholt und in sehr unterschiedlichen Bedeutungen benutzt, während er von der dauerhaften, reglosen und unbeweglichen Welt innerhalb des Turms spricht. Becketts ‚way' ist nicht ein Pfad oder eine Straße, der oder die von einem Ort an einen anderen führt; Becketts ‚way' ist vielmehr ein Ort oder eine Sphäre der unablässigen oder ständig wiederholten ‚alwaysness'.

Etwa zur selben Zeit, da er *That Time* schrieb, arbeitete Beckett an dem französischsprachigen Prosatext „Pour finir encore". Als er diesen Text unter dem Titel „For to end yet again" ins Englische übersetzte, machte er sich den Umstand zunutze, daß sich recht unterschiedliche französische Begriffe wie ‚se detacher', ‚ouvrir la march', ‚toujours' und ‚parcours'[29] in Varianten des Lexems ‚way' überführen lassen. An einer Stelle spricht die englische Fassung von „a fragment", das „comes away from mother ruin"[30], was uns an „the wall" in *That Time* erinnert, die „had crumbled away", und auf der nächsten Textseite treten dann alle drei Varianten des Lexems ‚way' eng beieinander auf:

> Sepulchral skull is this then its last state all set for always litter and dwarfs ruins and little body grey cloudless sky glutted dust verge upon verge hell air not a breath? And dream of a way in a space with neither here nor there where all the footsteps ever fell can never fare nearer to anywhere nor from anywhere further away?[31]

---

[29] Vgl. Samuel Beckett, „Pour finir encore", in *Um abermals zu enden und anderes Durchgefallenes. Prosadichtungen in drei Sprachen* (Frankfurt a.M.: Suhrkamp 1978), S. 130-136.

[30] Samuel Beckett, „For to end yet again", in *The Complete Short Prose, 1929-1989*, a.a.O., S. 245.

[31] Ebd., S. 246.

Beim „Sepulchral skull" scheint es sich hier um eine reduzierte und abstrahierte Version des Turms in *That Time* zu handeln, und wiederum führt der hier konzeptualisierte „way in a space" nicht von irgendwo nach irgendwo, sondern bleibt eine Sphäre, die von allem anderen geschieden ist. Es ist ganz sicher kein Zufall, daß Beckett in diesem Kontext zur Formulierung „neither here nor there" greift, womit er den kurz darauf geschriebenen Text antizipiert. Ein weiterer Text, an dem Beckett um jene Zeit herum arbeitete, ist die unveröffentlichte Prosa „Long Observation of the Ray", in der er wiederum unterstreicht, daß der Beckettsche Weg kein Ausweg ist, sondern ein Weg des rastlosen Gleichbleibens: „Scarcely at rest or at most a matter of seconds later when away to the next and thence in the same way."[32] In noch einem weiteren unveröffentlichten Text aus dieser Zeit, „The Voice", entwirft Beckett sogar die Figur eines „wayfarer out since dawn plodding forward in the failing light through the gloaming"[33], um das zu evozieren, was sich als die unveränderliche Veränderlichkeit des Abschreitens eines Wegs bezeichnen ließe. Zunächst heißt es, die Laute der „boots meeting the ground one after the other" seien die „sole sounds for they change from one tread to the next", aber nachdem der „wayfarer" „listens to each one and adds it in his mind to the ever increasing sum of those that went before"[34], müssen wir schließlich akzeptieren,

---

[32] Beckett, „Long Observation of the Ray", a.a.O., S. iii. In einer späteren Version streicht Beckett das Wort „away" aus dieser Passage: „Scarcely at rest on any given blank or at most some seconds later when this leap to another and thence in the same way to yet another. As well on the same of those countless hemispheres as among its antipodes" (S. iv).

[33] Samuel Beckett, „The Voice": UoR MS 2910, Beckett Manuscript Collection, University of Reading (1977), S. 2.

[34] Ebd., S. 2 f.

daß die Veränderung der Laute „from one tread to the next“ nicht wirklich etwas ändern: „Always the same flat tone“[35]. Es scheint, daß in „The Voice“ der Beckettsche ‚way‘ den Rhythmus bildet, zu dem die ‚voice‘ eine Melodie anstimmt – ‚walking‘ und ‚talking‘ ergänzen sich mithin gegenseitig und ergeben gemeinsam eine geschlossene Audiowelt.

Eine Passage genau aus der Mitte von *Company* ist separat unter dem Titel „Heard in the Dark 1“ veröffentlicht worden, und in dieser Passage treten wiederum alle drei Hauptvarianten des ‚way‘-Lexems in enger Nachbarschaft auf:

> You lie in the dark with closed eyes and see yourself there as described making ready to strike out and away across the expanse of light. You hear again the click of the door pulled gently to and the silence before the steps can start. Next thing you are on your way across the white pasture afrolic with lambs in spring and strewn with red placentae. You take the course you always take which is a beeline for the gap or ragged point in the quickset that forms the western fringe.[36]

Wie in „neither“ kommt hier eine „door“ ins Spiel, wobei diesmal die Textstimme nicht „between two [...] doors“ lokalisiert ist, sondern zwischen nur einer einzigen Tür und einem Einschnitt; schließlich endet „Heard in the Dark 1“ dann „Halfway across the pasture on your beeline to the gap“[37]. Der begangene Weg ist wiederum von endloser Kontinuität gekennzeichnet, denn die Schritte „number each day the same. Average day in day out the

---

[35] Ebd., S. 3 f.
[36] Beckett, „Heard in the Dark 1“, a.a.O., S. 247.
[37] Ebd., S. 249.

same. The way being always the same“[38]. Zwei Zeilen weiter lesen wir dann plötzlich:

> Your father’s shade is not with you any more. It fell out long ago. You do not hear your footfalls any more. Unhearing unseeing you go your way. Day after day. The same way. As if there were no other any more. For you there is no other any more.[39]

Strenggenommen wiedersprechen diese Zeilen sich selbst, denn wenn etwas „not [...] any more“ ist, was es war oder wie es war, dann scheint es falsch, zu sagen, dieses Etwas sei „always the same“. Wenn Beckett es dessen ungeachtet doch sagt, müssen wir daraus den Schluß ziehen, daß ‚sameness‘ sich verändern kann – ein Weg, der immer gleich ist, kann sich dennoch verändern oder gar vergehen, wegbleiben.

Dieser überraschende Umstand, daß eines Weges ‚alwaysness‘ enden kann und daß seine Unveränderlichkeit sich verändern kann, erfährt Bestätigung in einem kurzen zweiteiligen Text, den Beckett 1981 schrieb, jedoch nie zur Veröffentlichung freigab; dieser Text trägt den Titel „The Way“. Beckett beschreibt hier einen Pfad, der einen Hügel hinauf und hinab führt, und zwar in der Form einer Acht (oder des mathematischen Unendlichkeitssymbols):

> The way wound up from foot to top and thence another way. On back down. The ways crossed midway more and less. A little more and less than midway up and down. The ways were one-way. No retracing the way up back down nor back up the way down. Neither in whole from top or foot nor in part from on the way.

[38] Ebd., S. 248.
[39] Ebd.

> The one way back was on and on was always back. [...] Gait down as up same plod always. [...] So from foot and top to crossways could the seconds have been numbered then height known and depth. [...] Thorns hemmed the way. The ways. Same mist always. [.../] Forth and back across a barren same winding one-way way. [...] Through emptiness the beaten ways as fixed as if enclosed. [...][40]

Durch die minutiöse Beschreibung dieses Wegs in Form einer Acht zeigt uns Beckett, daß „on" zugleich „back" bedeuten kann, daß ein einzelner „way" identisch sein kann mit „ways" im Plural, daß ein „one-way way" sogar „Forth and back" führen und sich an einem Punkt namens „crossways" mit sich selbst schneiden kann – und daß Fortschreiten nicht notwendigerweise Fortschritt bedeuten muß, daß ein Weg endlos abgeschritten werden kann, ohne jemals irgendwohin zu führen.

Der Text „The Way" ist Höhepunkt und Finale, aber nicht das Ende von Becketts Wegen. Das Lexem ‚way' ist – wenngleich seltener als zuvor – auch in Becketts Arbeiten aus den 80er Jahren zu finden. Im ersten Teil von *Stirrings Still* wird jemand „Seen always from behind whithersoever he went", während er offenbar beschäftigt ist mit „seeking the way out. A way out. To the roads. The back roads"[41]. Im zweiten Teil von *Stirrings Still* verwandelt sich dieser konkrete „way out" in die abstrakteren

---

40 Samuel Beckett, „The Way", Typoskript III, faksimiliert in Carlton Lake (Hg.), *No Symbols Where None Intended. A Catalogue of Books, Manuscripts, and Other Material Relating to Samuel Beckett in the Collections of the Humanities Research Center* (Austin: Humanities Research Center 1984), S. 173.

41 Samuel Beckett, *Stirrings Still*, in *The Complete Short Prose, 1929-1989*, a.a.O., S. 260.

Wendungen „in the way“[42] und „some way“[43] im Sinne einer Art und Weise; im dritten Teil bleibt das Lexem ‚way‘ gänzlich aus, alles ist „stayed“, und die Figur sucht nach einem „missing word“ und sieht „no danger or hope as the case might be of his ever getting out“[44] – es scheint, daß schließlich alle Wege an ihr Ende gekommen sind. Das letzte Auftreten des Lexems ‚way‘ in Becketts Gesamtwerk erfolgt in „what is the word“ (der englischen Selbstübersetzung des ursprünglich in französischer Sprache geschriebenen „comment dire“), wo von einem letzten flüchtigen Blick oder Schimmer die Rede ist: „afaint afar away over there what –“[45]. Etliche Leser (ich selbst einer davon) haben unabhängig voneinander aus dieser Schlußformulierung ein Echo des letzten Satzes des Joyceschen Spätwerks *Finnegans Wake* herausgehört, „A way a lone a last a loved a long the“[46] – eines unvollständigen Satzes, der in die allererste Zeile des Romans zurückläuft.[47] *Finnegans Wake* endet also niemals endgültig, sondern beginnt immer wieder neu. Der zyklisch gebaute Joycesche Roman ist eine extrem wortreiche und detailfreudige Version der äußerst kargen und reduzierten ‚Neitherways‘ in Becketts späten Texten, diesen Texten ohne Anfang und Ende, die so unveränderlich scheinen, Wege des fortschrittlosen Fortschreitens.

Becketts ausgeklügeltste Versionen dieses Wegs stammen aus den 70er Jahren, als er mit abstrakten Formen

---

[42] Ebd., S. 262.
[43] Ebd., S. 263.
[44] Ebd., S. 264.
[45] Samuel Beckett, „what is the word“, in *Poems 1930-1989*, a.a.O., S. 115.
[46] James Joyce, *Finnegans Wake* (London: Faber 1975), S. 628.
[47] Vgl. Phyllis Carey, „Ireland, Island of Saints and Searchers“, in Friedhelm Rathjen (Hg.), *In Principle, Beckett is Joyce* (Edinburgh: Split Pea Press 1994), S. 91.

von Sinneswahrnehmung und Äußerung experimentierte. Ich glaube, daß zumindest in Becketts Arbeiten aus den 70ern eine extrem wichtige Trias aus Auge, Stimme und Weg gebildet wird – oder anders ausgedrückt: aus Sehen, Sagen und Gehen. Diese Trias sehe ich mit einer anderen verbunden, einer noch grundlegenderen Trias, deren Wirken in Becketts gesamtem Œuvre und insbesondere in seinen beiden Prosatrilogien ich anderswo plausibel zu machen versucht habe, nämlich der Trias aus Perzeption, Expression und Imagination[48]. Perzeption und Expression bilden zweifellos eine von Becketts typischen Dualitäten; Becketts Stimmen und Figuren sind üblicherweise in Binärstrukturen gefangen, dies um so mehr, wenn die jeweiligen Dualitäten identische Gegensätze einschließen, wie sie in Becketts Werk häufig auftreten[49]. Die „two lit refuges" im „neither"-Text lassen sich als solche auffassen. Wenn es für Becketts Textstimme keinen Ausweg aus diesen binären Strukturen gibt, dann bleibt ihnen aber immer noch ein Weg dazwischen. Dies ist der Weg, der nirgendwohin führt und der nichts ändern, der aber, wenn

[48] Vgl. Friedhelm Rathjen, *Beckett zur Einführung* (Hamburg: Junius 1995), S. 43-146; erweiterte Neuausgabe als *Beckett. Eine Einführung ins Werk* (Scheeßel: Edition ReJoyce 2007), S. 41-132.

[49] Vgl. Friedhelm Rathjen, „Maximal Joyce is a State of Beckett: Joyce, Beckett, and Bruno's *Coincidentia Oppositorum*", in Rathjen (Hg.), *In Principle, Beckett is Joyce*, a.a.O., S. 99-112, besonders S. 105-108; Friedhelm Rathjen, „The Magic Triangle: James Joyce, Samuel Beckett, Arno Schmidt", in Angela Moorjani u. Carola Veit (Hg.), *Samuel Beckett: Endlessness in the Year 2000 / Samuel Beckett: Fin sans fin en l'an 2000* (= *Samuel Beckett Today / Aujourd'hui* 11, Amsterdam / New York: Rodopi 2002), S. 92-99, besonders S. 95 f.; Zusammenschrift beider Aufsätze als „In Principle, Beckett is Joyce (and Schmidt is Schmidt): The Magic Triangle and Giordano Bruno's *Coincidentia Oppositorum*" in Friedhelm Rathjen, *Irish Company. Joyce & Beckett and more* (Scheeßel: Edition ReJoyce 2010), S. 107-119, besonders S. 113-116.

er abgeschritten wird, ein Weg weg von äußerster Hoffnungslosigkeit ist. Solange Becketts Figuren in Bewegung sind, und sei dies auch eine Bewegung an einem umschlossenen Ort oder im ‚womb-tomb'-Kerker, und sei es auch, daß die Geher auf der Stelle treten, solange sind sie zumindest vorübergehend imstande, sich anderswohin zu versetzen – in der Imagination. Selbst wenn es keinen Ausweg gibt, gibt es immer noch die Möglichkeit des ‚away'; selbst wenn eine alles beherrschende ‚alwaysness' herrscht, ist es nicht unmöglich, nach ‚Neitherways' Ausschau zu halten.

Künstlerische ‚Neitherways' sind das, wonach Beckett selbst stets auf der Suche ist. Konfrontiert mit den starken Binärstrukturen, die sich in seinen Arbeiten finden, strebt Beckett unablässig danach, über zwei gegebene Pole oder Seinsweisen oder Richtungen hinauszukommen und binäre zu triadischen Strukturen auszuweiten – durch irgendeine Art von Regung oder Bewegung. Mit anderen Worten: er versucht stets, neue Wege zu finden, Wege weg davon, Beschränkungen akzeptieren zu müssen.

Knappster Beckett

Samuel Beckett hat mit seinen Monologromanen etliche Kollegen zu dicken Büchern angeregt, und oftmals erweist der nähere Blick, daß gerade die Autoren, bei denen die entsprechenden Impulse besonders fruchtbar wirken, immer wortreicher werden. António Lobo Antunes begann mit einem 200-Seiter und ist inzwischen bei mehreren 800-Seitern angekommen; Friederike Mayröcker schreibt extrem kurze neben heftig wuchernden Texten, wobei sich in den dickeren ihrer Bücher der Beckett-Einfluß am deutlichsten ausmachen läßt; auch Raymond Federman hat neben Kürzesttexten (in denen allerdings auch allerlei Beckettsches zu finden ist) die zwei Schwarten *Take It Or Leave It* und *Alles oder Nichts* vorgelegt, die mit fragmentierter Totalität spielen.

Beckett selbst hingegen ist nicht dicker, sondern entschieden dünner geworden. Sein erstes Buch war ein Essay über eines der Dickstwerke der Weltliteratur, Prousts *Auf der Suche nach der verlorenen Zeit*, sein erstes eigenschöpferisches Buchprojekt *Traum von mehr bis minder schönen Frauen* das dickste (freilich auch plapperhafteste), das er je abschloß. Nach Fertigstellung von *Der Namenlose* Anfang 1950 schreibt Beckett keinen Text mehr, der dazu angetan wäre, auf übliche Manier ein komplettes Buch zu ergeben; sein letzter ‚Roman' *Wie es ist* (1959 geschrieben) kommt in der deutschen Beckett-Werkausgabe mühsam auf 140, der längste Text, der in den drei Jahrzehnten danach noch entsteht, nämlich die Prosa *Gesellschaft*, sogar nur noch auf dreißig Seiten. Alle übrigen Beckett-Arbeiten der späten Phase sind sogar noch weitaus knapper. Diese Knappheit bedeutet allerdings nicht unbedingt, daß die entsprechenden Texte alle fragmentarischen Charakters seien; im Gegenteil könnte man sogar sagen, daß Becketts Romantrilogie in ihrem Fragmentcharakter weiter geht als die späten Kurztexte, die im Unterschied dazu oft so etwas wie ein Ganzes ergeben, eine in sich (und nach außen) abgeschlossene Aussage.

Der wohl kürzeste dieser späten Texte ist gleichzeitig einer der unbekanntesten, und er entstand aus einem Impuls, der von außen an Beckett herangetragen wurde. Als die Zeitschrift *Orange Export Ltd.* Beckett bat, etwas zu einer Nummer beizutragen, die Einzeilengedichte vorstellte, fühlte der Meister der Knappheit sich sofort animiert und schrieb als Beitrag ein einzeiliges Gedicht von vier Wörtern:

away dream all away

Damit also ist alles gesagt.

Was so simpel klingt, ist in dieser Knappheit allerdings ganz und gar nicht einfach ins Deutsche zu übertragen. Eine Wort-für-Wort-Übersetzung könnte „hinweg träume alles hinweg“ lauten, aber da stimmt der Rhythmus nicht, und statt der Beckettschen sechs haben wir hier acht Silben. Natürlich ließe sich die Version verknappen zu „hinweg träum all's hinweg“, die aber zu manieristisch ist. Zudem kappt sie Becketts verknappte Mehrdeutigkeit, denn im Original muß „dream“ keineswegs ein Verb, sondern kann auch ein Substantiv sein.

Im Deutschen gibt es keine Möglichkeit, eine Vokabel zu finden, die zwischen dem Verb „träumen“ und dem Singular des Substantivs „Traum“ zu changieren vermag; es ist deshalb sinnvoll, Becketts Singular durch den Plural „Träume“ zu ersetzen, der bei konsequenter Kleinschreibung die gewünschte Mehrdeutigkeit bringt. Damit haben wir aber in jenem Wort, das bei Beckett nur eine Silbe hat, im Deutschen schon zwei; wollen wir Becketts Knappheit in der Summe bewahren, müssen wir anderswo kürzen, was nur beim zweimaligen „away“ möglich ist. In meiner Eindeutschung habe ich deshalb „away“ als „fort“ umgesetzt, und so ist es mir möglich, eine deutsche Fassung zu liefern, die nicht mehr als die von Beckett vorgegebenen sechs Silben aufweist, den Rhythmus weitestgehend wahrt (wenn wir das Eingangs-„fort“ unbetont sprechen) und zudem das mehrdeutige Changieren ermöglicht:

> fort träume alles fort[1]

Was hier fortfällt, ist allerdings die Chance, im „away“ einen „way“ zu hören; diese Chance ließe sich im Deutschen mit folgender Variante wahren:

> weg träume alles weg

Das jedenfalls ist der komplette Text, sechs Silben in vier Wörtern. Knapper geht's nimmer, oder?[2]

---

[1] Friedhelm Rathjen, *Samuel Beckett* (Reinbek: Rowohlt 2006), S. 131.

[2] Ich muß gestehen, daß ich in frühen (und sehr Beckett-bewegten) Jahren davon träumte, nicht nur ein einzeiliges, sondern sogar ein Einwortgedicht zu schreiben. Am Ende kam dann ein halbherziger Kompromiß heraus, eben kein Einwortgedicht, sondern ein mehrzeiliges Gedicht über die Suche nach dem einen Wort: „ein bild genug sein lassen // bleicher starrer fötus / fleckig rötlich blau // eine vorstellung genug sein lassen // die leblosgebornen / lebendig begraben // ein wort genug sein lassen / scheintotgeboren // genug“.

Himmelfahrt und Höllensturz
James Joyce und Samuel Beckett

Würde überhaupt jemand auf die Idee kommen, James Joyce und Samuel Beckett in einen Zusammenhang bringen zu wollen, wenn die beiden freiwillig exilierten Iren nicht in Paris persönlich miteinander verkehrt hätten? Wer von den biographischen Hintergründen nichts weiß und nur die Werke beider Schriftsteller liest, der muß den Eindruck gewinnen, er habe es hier mit zwei ganz und gar verschiedenen Arten von Literatur zu tun: mit einem Virtuosen der sprachlichen Fülle und weltumgreifenden Darstellungstechniken einerseits, mit einem Meister des Kargheit, der Weltabgewandtheit und des Nichts andererseits. In mancherlei Hinsicht sind Joyce und Beckett Autoren, wie sie gegensätzlicher kaum sein könnten – paradoxerweise könnte aber gerade diese Gegensätzlichkeit das deutlichste Zeichen ihrer Nähe zueinander sein.

Schon bald, nachdem der junge Austauschlektor Samuel Beckett im August 1928 nach Paris kam, wurde er dem berühmten *Ulysses*-Autor vorgestellt, und es entwickelte sich eine so enge Beziehung, wie dies der unnahbare Joyce nur zuließ. In der Praxis hieß dies vor allem: Samuel Beckett ging Joyce – wie dessen gesamter Bekanntenkreis – mit Hilfsdiensten bei der Arbeit an seinem letzten Roman, *Finnegans Wake*, zur Hand, weswegen heute immer noch vielfach behauptet wird, Beckett sei der Sekretär von Joyce gewesen. Das war er keineswegs – wohl aber unterschied sich Beckett in einem Punkt von den übrigen Joyceschen Hilfskräften: er sollte selbst zum Schriftsteller werden und wäre deswegen prädestiniert gewesen, als Joyce-Schüler oder gar Joyce-Epigone in die Literaturgeschichte einzugehen. Eben dies tat er aber nicht, und wenn Beckett sich Joyce ähnlich machte, so nicht im Werk, sondern im Äußeren seiner Person: er soll eine Zeitlang bewußt die gleichen Schuhe wie Joyce getragen haben, und zwar sogar in derselben Größe, obwohl seine eigenen Füße größer waren als diejenigen von Joyce.

Im Juni 1929 erschienen in der Avantgardezeitschrift *transition* Becketts erste Veröffentlichungen überhaupt: die Erzählung „Assumption“ und ein von Joyce veranlaßter Essay über dessen in Arbeit befindlichen Roman. Etwa zur gleichen Zeit arbeitete Beckett – ebenfalls auf Anregung von Joyce – mit einem Freund daran, das Kapitel „Anna Livia Plurabelle“ aus *Finnegans Wake* ins Französische zu übersetzen; Beckett vollzieht also auf durchaus praktische Weise die Joyceschen Arbeitstechniken nach. Um so erstaunlicher ist, daß Beckett sich bereits in seinem ersten Roman, dem zu seinen Lebzeiten nicht veröffentlichten *Traum von mehr bis minder schönen Frauen*, deutlich vom verehrten Meister Joyce abzusetzen bemüht.

Dieser Roman entstand im Frühjahr und Sommer 1932, als Beckett erst 26 Jahre alt war, und dennoch weist er bereits den Weg, den Becketts Werk nehmen wird; mehrmals in diesem Text taucht die spätere Beckettsche Leitformulierung auf, „daß da nichts zu machen war“. Nichts zu machen ist vor allem für denjenigen, der davon geträumt haben mag, Joyce weiterzuführen und zu radikalisieren: Joyce selbst war bereits so radikal, daß er auf seinem eigenen Feld nicht zu übertreffen ist. Die Lösung für den nach Radikalisierung und auch nach künstlerischer Eigenständigkeit Strebenden konnte nur heißen, in eine Richtung aufzubrechen, die dem Weg von Joyce diametral entgegengesetzt war. Die Ansätze dazu finden wir bereits im *Traum von mehr bis minder schönen Frauen*: zwar inkorporiert der Roman noch einige zuvor entstandene kurze Beckett-Texte, die sich wie eine Nachahmung Joycescher Schreibweisen lesen, doch an anderer Stelle des Romans macht sich Beckett über die bekannteste Technik des *Ulysses* lustig („all das Theater, das gemacht wird um Monolog und Dialog und Polylog und Katalog, all das ausschließlich intérieur"), und auch der elegische Schluß von Joycens Kurzgeschichte „Die Toten" wird nach Kräften parodiert. Zudem reagiert Beckett auf die stilistische Virtuosität des *Ulysses*-Autors, indem er es ausdrücklich zu seinem Ziel erklärt, ohne Stil zu schreiben, und sich überlegt, ob das nicht in der französischen Sprache besser möglich sei – tatsächlich wird Beckett später zum Französischen wechseln.

1938 verreißt Dylan Thomas den Beckett-Roman *Murphy* in einer beherzten Rezension und hält dem Autor vor, daß er „noch nicht den Einfluß der Schriftsteller abgeschüttelt hat, die *Transition* zu ihrer dauernden Ruhestätte erkoren haben" – womit unzweifelhaft Joyce gemeint ist. Doch Thomas tut Beckett unrecht, der sich nämlich, wie er einer deutschen Reisebekanntschaft schreibt, um eine sehr unjoycesche „Literatur des Unworts" bemüht:

> Mit einem solchen Programm hat meiner Absicht nach die allerletzte Arbeit von Joyce gar nichts zu tun. Dort scheint es sich vielmehr um eine Apotheose des Wortes zu handeln. Es sei denn, Himmelfahrt und Höllensturz sind eins und dasselbe. Wie schön wäre es, glauben zu können, es sei in der Tat so.

Nun zeigt aber gerade die Entwicklung, die Beckett genommen hat, daß Himmelfahrt und Höllensturz zumindest etwas miteinander zu tun haben: die Radikalität, mit der Beckett an seiner „Literatur des Unworts" schreibt, wäre nicht zu denken ohne die Radikalität der Joyceschen

„Apotheose des Wortes“, deren Umkehr sie ist. Der immense Einfluß von Joyce auf Beckett manifestiert sich zuvorderst nicht in direkten Joyce-Spuren, sondern gerade darin, daß jede oberflächliche Ähnlichkeit vermieden wird. Joyce war zwar tatsächlich der entscheidende Ausgangspunkt für Becketts Schaffen, aber eben in dem Sinne, daß Beckett begriff, was es unter allen Umständen zu vermeiden galt, wollte er etwas Eigenes, Neues schaffen.

Das Verhältnis Becketts zu Joyce ist deswegen vor allem durch Vermeidungsstrategien bestimmt, das heißt durch Prozesse der Verneinung, der Zurücknahme, der Falsifikation und der Negation. Nun ist es bemerkenswerterweise so, daß gerade diese Vermeidungsstrategien, die Beckett in seinem Umgang mit Joyce entwickelt, später zu den fundamentalen Kennzeichen des Beckettschen Schaffens überhaupt werden. Sein Gesamtwerk entspringt dem Impuls, dadurch weiterzumachen, daß alle Möglichkeit zum Weitermachen geleugnet wird; die erste Möglichkeit, die Beckett hat verleugnen müssen, war aber die Joyce-Option. Becketts Werk ist eine Abfolge von Gesten der Zurücknahme, so daß jede einmal gewonnene Position in der Folge wieder hinterfragt wird; die erste dieser vielen Zurücknahmegesten aber war die Zurücknahme dessen, was Joyce machte. Der eigentliche Einfluß von Joyce auf Beckett zeigt sich folglich gerade darin, daß Beckett zumindest an der Oberfläche alle Spuren eines Joyceschen Einflusses sorgfältig tilgt.

Untergründig hingegen wirkt Joyce in Becketts Werk beständig fort, und es gibt auch tiefere Berührungspunkte, die nie verleugnet werden. Einer davon ist der gemeinsame Rückgriff auf Giordano Brunos „Coincidentia Oppositorum“, also auf die Vorstellung, Gegensätze seien identisch. Diese Vorstellung, die in *Finnegans Wake* der gesamten Textur zugrunde liegt, hat Beckett in seinem

Joyce-Essay auf eine Weise erläutert, die fast wie eine metaphorische Beschreibung des Zusammenhangs Joyce / Beckett selbst klingt:

> Das Prinzip (Minimum) des einen Gegensatzpaars nimmt seinen Ausgang von dem Prinzip (Maximum) eines anderen. [...] Maximale Geschwindigkeit ist ein Zustand der Ruhe. Das Maximum an Verfall und das Minimum an Zeugung sind identisch: im Grunde ist Verfall Zeugung

– und im Grunde nimmt der große Minimierer Beckett seinen Ausgang von dem großen Maximierer Joyce.

Wenn Joyce das Prinzip der „Coincidentia Oppositorum" anwendet, so tut er es freilich als ein Umfassungsprinzip: indem er die Extreme in eins fallen läßt, will er alles, was dazwischen liegt, einbeziehen. Beckett, der Reduktionist, sucht hingegen möglichst viel auszuschließen, indem er zwischen den Extremen oszilliert und auf die unsprechbaren, unbenennbaren Schwebezustände des „weder noch" zielt.

In Becketts an Zitaten und Anspielungen reichem Gesamtwerk gibt es nur weniges, was sich als Joyce-Anspielung lesen läßt, so etwa Anklänge an Molly Blooms *Ulysses*-Schlußmonolog in *Wie es ist* und *Glückliche Tage*. Um so bemerkenswerter ist, daß Beckett in der Formulierung „afaint afar away over there what" aus seinem letzten Text überhaupt, dem Gedicht „what is the word", das „A way a lone a last a loved a long the" vom Ende des letzten Joyceschen Romans *Finnegans Wake* durchscheinen läßt: in „what is the word", der Frage nach dem Wort, scheint Beckett sich doch noch einmal dazu zu bekennen, daß seine Anfänge bei Joycens „Apotheose des Wortes" liegen. Dennoch sind die Differenzen zwischen den Œuvres beider Autoren beredter als die Übereinstimmungen.

Schauplätze der Leere
Becketts Wüste

Als 1969 die Nachricht um die Welt ging, Samuel Beckett erhalte den Nobelpreis, war der Betroffene aus dieser Welt praktisch verschwunden: Beckett hielt sich vorsichtshalber in der tunesischen Wüste versteckt. Das mag man als Anekdote abtun, paßt aber durchaus zu den Szenerien, in denen die meisten Texte Becketts angesiedelt sind. Seine Wüste ist eine Leere, ist ein leerer Raum oder eine leere, raumlose Weite. Der Titelheld der Erzählung „Der Ausgestoßene" beispielsweise erklärt: „Ich hätte einen Meeres- oder Wüstenhorizont gewünscht." Wenn Meer und Wüste gleichgesetzt werden, so ist unschwer zu erkennen, worum es geht: es geht um einen möglichst einförmigen, einen möglichst unstrukturierten Schauplatz. Stets aufs neue befinden sich Becketts Figuren an solchen Schauplätzen oder sehnen sich danach.

Freilich wird die Gleichförmigkeit aufgehoben durch die immer wieder neuen Varianten, in denen sie uns gegenübertritt, und durch die immer wieder neuen Darstellungsmöglichkeiten, die Samuel Beckett den Schauplätzen der Leere abringt. Sehr genau nachvollziehen läßt sich das durch eine chronologische Lektüre der gesammelten Kurzprosa Becketts, die in einem Suhrkamp-Band unter dem Titel *Dante und der Hummer*[1] erschienen ist. Im ältesten Text des Bandes, einem literarischen Scherz namens „Der Konzentrismus", ist bloß das Leben des (erfundenen) Dichters Jean du Chas „leer, hohl, inhaltslos"; im letzten Text *Immer noch nicht mehr* sind dem

---

1 Samuel Beckett: *Dante und der Hummer. Gesammelte Prosa*, üb. v. Elmar u. Erika Tophoven (Frankfurt a.M.: Suhrkamp 2000).

orientierungslosen Helden „alle Orte wie ein und derselbe.“ Durch zeitlose Zeiten und ortlose Orte mühen sich die Gestalten Becketts, und sie tun es meist auch auf weglosen Wegen. Alles ist Einöde.

Einöde herrscht bereits in den Erzählungen der 30er Jahre; oberflächlich geben sie sich zwar spritzig und aufgekratzt, doch darunter lauert eine schleichende Lethargie. Der Held dieser Erzählungen heißt Belacqua, so wie jener Lautenmacher aus Dantes *Göttlicher Komödie*, der damit gestraft ist, eine Lebensspanne lang auf den Einlaß ins Fegefeuer zu warten. Er erträgt dies mit Langmut, reglos hingehockt in seinen kleinen Winkel Welt. Becketts Belacqua hält sich am liebsten in geschlossenen Räumen auf; noch aus dem Krankenzimmer, in dem er sein Ende erwartet, sucht er die zudringliche Sonne zu verbannen. Die Sonne nämlich mit ihrem Auf und Ab signalisiert, daß Zeit vergeht, und bedroht somit die allumgreifende Starre.

Nach dem Krieg, in den späten 40er und frühen 50er Jahren, schreibt Beckett Texte, deren Helden aus ihrem geliebten Zimmer hinausgeworfen werden und sich nun in der Außenwelt zurechtfinden müssen. Sie irren durch anonyme Städte oder flüchten in ländliche Szenerien, die mit den Relikten der menschenleeren irischen Heimat Becketts ausstaffiert sind: weite Ödflächen, bewachsen mit Farnkraut, Heide und Ginster. Der Held der Erzählung „Das Ende“ kommt in einer Hütte unter, deren Lage er so beschreibt: „Rund herum bot sich das vertraute Bild von Größe und Trostlosigkeit.“ Zur Eintönigkeit trägt das Geräusch des stetigen Windes bei, doch der Erzähler wünscht sich Struktur: „Was ich gewollt hätte, waren Hammerschläge, peng, peng, peng, Hammerschläge in der Wüste.“

Es fällt nicht schwer, zu erraten, wozu die Hammerschläge dienen sollen: in der absoluten Leere eines nur vom Horizont begrenzten Ortes und einer unbegrenzten Zeit läßt es sich nur aushalten, wenn es gelingt, die

Unendlichkeit in endliche Teile zu zerlegen. Hier hat das Wiederholungsprinzip Becketts seinen Ursprung, das darauf abzielt, unermeßliche Wartezeiten in meßbare Wegstrecken zu überführen. Becketts Figuren führen Rituale aus, zählen ihre Schritte und berechnen Distanzen. „Einfache Rechenaufgaben“ seien eine „Zuflucht“, heißt es später in der Fabel *Gesellschaft*; eine Zuflucht aber ist ja eigentlich ein Ort, ein Raum, wo man sich geborgen und allein weiß.

Allein mit ihren Stimmen sind alle Gestalten Becketts, ganz gleich, ob sie sich nun noch schlurfend und kriechend durch öde Außenwelten schleppen oder schon ganz im „Elfenbeinverlies“ ihres eigenen Schädels versunken sind. Wenn sie noch sehen können, heben sie zur Orientierung die Augen zum Himmel, „wo es keine Wege gibt, wo man frei herumlaufen kann, wie in einer Wüste“. Und wenn sie schon blind sind oder geblendet vom gleißenden Licht, dann spüren sie immer noch den Erdboden, auf dem sie liegen, oder den Schlamm, durch den sie robben und den sie verschlucken, während sie vor sich hin brabbeln und plappern.

Nach dem Verlöschen der Schauplätze ersteht aus diesem unaufhörlichen Reden, aus den schwirrenden Stimmen im leeren Schädel ein neuer Raum, der wie eine Wüste im Innern ist. „Ein umschlossener Raum, fünf Fuß im Quadrat“, so lautet eine Variante, eine andere ist der „Rundbau, ganz weiß im Weißen.“ Ganz langsam aber werden diese „vollkommenen Einöden“ der Beckettschen Arenen neu angefüllt, zunächst mit aschgrauen Trümmern und einem „Sandmeer“ und einer „Steinöde“, dann aber auch wieder mit menschlichen Gestalten. In dem Text „Um abermals zu enden“ herrscht „lange Zeit Wüste, anfangs“, „unter einem von seinen Aasgeiern verlassenen Himmel“; dann treten zwei Zwerge auf mit einer Bahre, mühselig ausschreitend „am Ende des lebenslangen Zu-Fuß-Seins“.

Möglich sind diese Zwerge freilich nur noch als Fata Morgana, als Projektion des Schädels, dessen entleertes Inneres zum einzigen, zum ausweglosen Ort der Beckettschen Textwelten wird. In *Schlecht gesehen schlecht gesagt* begegnet uns dazu eine letzte Regung: „Das Auge, das auf eine Kleinigkeit in der Wüste starrt, füllt sich mit Tränen. Die Phantasie erblüht nach Schmerzenslust." Becketts leere Textwüsten haben vor dem Hintergrund dieser Formulierung eine doppelte, sich widersprechende Funktion: sie wünschen in der Gleichförmigkeit der Szenerien alle „Kleinigkeiten", alle Einzelheiten zu tilgen und so dem starrenden Auge die Tränen zu ersparen; und sie schaffen dabei doch gleichzeitig wieder einen neuen Projektionsraum, der die „Schmerzenslust" des Bilderzeugens erneut in ihr Recht einsetzt. Die „sogesagte Leere", um die Becketts vorletzte Prosa *Aufs Schlimmste zu* kreist, ist eine „unverschlimmerbare Leere", aber sie ist immer noch ein Raum, der sich notfalls neu füllen läßt.

Becketts Wüste vergeht nicht. Selbst in dem allerletzten Beckett-Text überhaupt, „Wie soll man sagen", regt sich noch etwas, unaussprechlich zwar, aber doch vorhanden „weitab da drüben ganz schwach was –". „Wie soll man sagen" ist kein Prosatext, sondern ein Gedicht; dennoch wurde es (als Motto) in den *Dante*-Band aufgenommen. Dies ist einer von leider nur drei kurzen Texten, die dafür eigens neu eingedeutscht wurden; ansonsten versammelt der Band nur Texte, die bereits auf deutsch vorlagen. Der deutsche Beckett-Fan muß sich also wieder einmal mit Häppchen zufriedengeben und wartet weiter vergebens darauf, daß man ihm Zugang gewährt zu Texten wie „Assumption" (1929), „A Case in a Thousand" (1934), „All Strange Away" (1964) oder „La Falaise" (1975). Auch die Editionen des Hauses Suhrkamp ähneln bisweilen Wüsten, die vom einen zuviel und von anderem zu wenig haben.

Muß es sein es muß sein es muß sein
Zu einigen Versuchen, Beckett als Person darzustellen

Beckett ließ nie einen Zweifel daran: „Nichts ist wichtig außer dem Schreiben. Um etwas anderes ist es nie gegangen“ – vor allem ist es ihm nie um seine Person gegangen, und er wollte, daß seine Leser (die professionellen wie die liebhaberischen) sich immer nur mit seinem Werk beschäftigten und keineswegs mit dem Autor. Die Neugier darauf, was für ein Autor hinter diesem Werk steckt, hat sich dadurch jedoch nie verhindern lassen, und so existieren inzwischen mehrere mehr oder weniger umfangreiche Versuche, diese Neugier zu stillen. Einige davon möchte ich im folgendem einer kritischen Sichtung unterziehen.

„Mrs. Bairs Höhenflüge der Phantasie“

Das Werk Samuel Becketts erscheint in deutscher Sprache seit Jahrzehnten im Suhrkamp-Verlag. Dennoch konnte man sich dort nicht entschließen, die seit langem vorliegende Beckett-Biographie der Amerikanerin Deirdre Bair[1] übersetzen zu lassen. Statt dessen wird Verleger Siegfried Unseld nicht müde, das 1988 in seinem Hause publizierte Beckett-Buch Alfred Simons[2] zu preisen – ein Lobpreis,

---

[1] Deirdre Bair, *Samuel Beckett. Eine Biographie*, üb. v. Werner Peterich (Hamburg: Kellner 1991).

[2] Alfred Simon, *Beckett*, üb. v. Michael Bischoff (Frankfurt a.M.: Suhrkamp 1988). – Gerade der biographische Teil ist so schludrig abgefaßt und redigiert, daß man's gar nicht glauben mag. Als wären alle Namen durch einen Fleischwolf à la *Finnegans Wake* gedreht, laufen Leute rum mit so seltsamen Namen wie Valery-Larbaud, Gisle Freund oder Liver St. Cogarthy; Joycens Geburtstag wird auf den 15. Februar verlegt und Becketts sogar in den September; Dylan

der verblüfft: nicht nur wimmelt es nämlich in Simons Kompendium von Fehlern und Schlampereien, sondern der biographische Abschnitt darin beschränkt sich auf ganze fünfzig (von dreihundert) Seiten und wird zudem eingeleitet durch Simons Hinweis, er habe „aus der monumentalen Beckett-Biographie des [sic!] Amerikaners Deirdre Bair“ geschöpft.

Als Deirdre Bair zur Vorstellung ihrer Biographie in Deutschland war, konnte man sie fragen, warum denn ihr wichtiges Buch erst mit mehr als einem Jahrzehnt Verzögerung auf deutsch erscheine – und noch dazu in einem recht kleinen Verlag. Bairs Antwort klingt mysteriös: schon zu Ende der 70er Jahre habe der Suhrkamp-Verlag lebhaftes Interesse an der Biographie bekundet, dieses Interesse aber plötzlich zurückgezogen. Der amerikanischen Lesart, kein deutscher Verlag traue sich, ein von Suhrkamp abgelehntes Projekt zu realisieren, mag man zwar keine rechte Überzeugungskraft zubilligen; immerhin ist es aber doch nicht ohne Pikanterie, daß die Biographie ausgerechnet im Kellner-Verlag herausgekommen ist, der kurz zuvor schon einmal – in Sachen Walter Benjamin – gegen Suhrkamp aufgemuckt hatte.

Für die seinerzeitige Ablehnung durch Suhrkamp mag es nicht ohne Belang gewesen sein, daß der Gegenstand des Buches zu seinem erklärten Gegner wurde: Samuel Beckett, der der Autorin vorab freie Hand für ihre

---

Thomas' Verriß von Becketts *Murphy* ist plötzlich eine „besonders lobende Besprechung“ und die Beckett-Biographin Deirdre Bair ein Mann – um nur ein paar der denkwürdigsten Leistungen zu nennen. Als ich den Verlag nach dem Erscheinen auf diese Dinge aufmerksam machte, bedankte man sich artig, doch für die Taschenbuchausgabe, die später erschien, wurde kein Buchstabe geändert, auch nicht im Register, das riesige Lücken hat – was freilich vielleicht sogar gut so ist, denn das, was drin ist im Register, ist zumeist mit falschen Seitenzahlen versehen.

Recherchen gegeben hatte, ließ nach dem Erscheinen der Biographie immer wieder durchblicken, er seit mit dem Ergebnis ganz und gar nicht einverstanden. Nicht, daß er das Buch gelesen habe – aber ihm sei doch einiges daraus hintertragen worden, und das stimme alles vorne und hinten nicht: nach dem Messerstich eines Zuhälters 1938 etwa sei er keineswegs von seiner späteren Frau Suzanne gerettet worden (diesen Fehler tilgte Bair denn auch inzwischen).

Becketts Verdammung der Biographie wurde schnell zum festen Inventar seiner spärlichen Mitteilungen an die Bewunderer. Als ich aus Anlaß seines achtzigsten Geburtstags 1986 einen Essay schrieb und ihm die Kopie nach Paris schickte, antwortete er postwendend, er habe den Artikel interessiert gelesen – allerdings unter Weglassung von „Mrs. Bair's flights of fancy" (also Frau Bairs Höhenflügen der Phantasie). Am Urteil Becketts über Bairs Buch, das er bei anderer Gelegenheit als „pure Fiktion" abtat, gibt es nichts zu rütteln; freilich erlaubte es der biographische Kenntnisstand zu Lebzeiten Becketts nicht, zu beurteilen, ob Bairs Darstellung wirklich so dubios ist oder ob die Vehemenz der Beckettschen Dementis nur damit zu tun hat, daß Beckett generell alle biographischen Nachforschungen für irreleitende Schnüffelei hielt und die Aufmerksamkeit seiner Leser aufs Werk beschränken wollte. Eifrige Beckett-Forscher sind rasch darangegangen, Listen mit Korrekturen zur Bairschen Biographie anzulegen; diese Korrekturen, so wertvoll sie bei der Darstellung punktueller Sachverhalte auch sein mögen, sind allerdings nicht dazu angetan, Bairs Bild von Beckett substantiell anzugreifen. Um so ärgerlicher ist es, daß die Autorin bei der Durchsicht ihres Werks für die deutsche Ausgabe solche Korrekturlisten unbeachtet ließ: selbst nachweislich falsche Details sind nicht modifiziert worden.

Deirdre Bair reagiert auf Fragen nach Kritik an ihrer Biographie wortkarg und abwiegelnd: ja, Becketts englischer Verleger John Calder habe sie lauthals vieler Detailfehler bezichtigt, aber noch keinen einzigen nachgewiesen; nein, Becketts Bonmot „Beware of Bair“ sei ihr nicht geläufig; Calders Krittelei sei wohl nur aus der Enttäuschung entstanden, daß er die Biographie nicht habe verlegen dürfen.

Vor dem Erscheinen von James Knowlsons (noch von Beckett autorisierter) Biographie wußte (außer Knowlson) wohl niemand, wie angemessen jenes Bild von Beckett ist, das Deirdre Bair entwirft – jenes Bild, das auf verblüffende Weise Becketts anfänglicher Warnung widerspricht, sein Leben sei langweilig und nichtssagend. Nein, nichtssagend ist es gewiß nicht: das Leben jenes Samuel Barclay Beckett, der als Rebell im Kindesalter die haushohen Kiefern des elterlichen Grundstücks besteigt und den freien Fall erprobt im Vertrauen darauf, daß die Zweige seinen Sturz schon bremsen werden; der als 22jähriger Sprachenstudent in Paris die Freundschaft des Idols James Joyce gewinnt und (vorübergehend) wieder verliert, als er die hemmungslose Liebe der Joyce-Tochter Lucia nicht zu erwidern vermag; der als Résistance-Mitglied um Haaresbreite der Gestapo entwischt und sich in den Ästen eines Baumes verbirgt, während darunter Nazi-Schergen patrouillieren; der als 40jähriger ein Leben voller Frustrationen, Depressionen und psychosomatischer Zerrüttungen hinter sich, kein Geld zum Leben in der Tasche und einen künstlerischen Neuanfang vor sich hat; der die schriftstellerische Anerkennung um jeden Preis sucht und Publicity verabscheut. Mehr als alle aufzählbaren Einzelheiten aber beeindruckt und bedrückt die ungeheure Wucht des Leidensdrucks zumal der ersten fünf Lebensjahrzehnte; dem Kern der Beckettschen Biographie läßt sich nur in der voluminösen Breite der Bairschen Darstellung beikommen und nicht in der skizzierenden Raffung einer mundgerechten Zusammenfassung.

Unweigerlich stellt sich die Frage nach dem Zusammenhang des von Deirdre Bair als so niederschmetternd beschriebenen Lebens mit dem Werk Becketts, doch eine konzise Antwort darauf steht nicht zu Gebote. Es ist wohl ein unerhörter Glücksfall, daß Becketts Werk sich jeder biographistischen ‚Deutung' penetrant entzieht: natürlich hat jeder Text etwas mit der Person seines Autors zu tun, doch dieser Zusammenhang läßt sich im Fall Becketts nicht auf die Formel eines einfachen Verursacherprinzips bringen, und so gibt es keine billige Ablenkung von der Tatsache, daß jeder Text ebensoviel mit seinem Leser zu tun hat. Freilich kann Deirdre Bair die Neigung zur biographisch gesteuerten Textinterpretation nicht immer unterdrücken, und hier liegt – jenseits etwaiger faktischer Fehler – das eigentliche Problem ihrer Bemühung. Im Gespräch bekundet Deirdre Bair, ihr biographisches Projekt vor allem deshalb in die Tat umgesetzt zu haben, weil ihr die Beckett-Forschung auf der Stelle zu treten schien und sie ihr neue Impulse geben wollte. Die Biographie sollte also als Motor der Philologie dienen; dem wäre entgegenzuhalten, daß die Biographie da, wo sie Eindruck auf die Philologen macht, diese nur von ihrer eigentlichen Aufgabe abzuziehen droht – und diese eigentliche Aufgabe ist die Durchdringung der Texte.

Erfreulicherweise hat aber Deirdre Bairs Beckett-Biographie, sosehr sie auch für Aufregung sorgte unter den Beckettianern, nicht die Fähigkeit der Texte beeinträchtigt, für sich selbst zu sprechen. Es gibt auch weiterhin etliche Versuche, dem Werk Becketts ohne Seitenblick auf sein Leben beizukommen, von denen hier nur Ria Endres' schon im Titel programmatische Essaysammlung *Am Anfang war die Stimme* erwähnt sei. Der Band enthält neben einem zentralen Essay zur Sexualität in

Becketts Werk und einer knappen Gesamtdarstellung seiner Ästhetik interpretierende Sichtungen aller Texte des Iren, die in den 80er Jahren in deutscher Übersetzung erstpubliziert wurden. Ein Teil dieser Sammlung[3] erschien bereits 1986 bei Rowohlt, und daß die aktualisierte Ausgabe der eher ephemeren Essays fünf Jahre später just in jenem Beckett-Hausverlag herauskam, der Deirdre Bairs biographischen Markstein verschmähte, scheint wiederum für die eingangs benannte Suhrkampsche Unschlüssigkeit in Sachen Beckett zu sprechen. Trösten wir uns damit, daß echte Beckett-Interessenten schon den Weg zum kleinen Kellner-Verlag finden werden – und in die Finger von Beckett-Novizen gehört Bairs Buch eh nicht, da es als Biographie leider dazu neigt, die Beckett-Lektüre ersetzen zu wollen, statt sie anzuregen. Und das wäre das schlimmste, was „Mrs. Bair's flights of fancy" ihrem Gegenstand antun könnten.

Knowlsons Korrekturen

Im März 1937 erhält Karl Valentin in seiner Münchner Behausung Besuch von einem jungen Bewunderer, einem schüchternen Iren mit kleinen runden Brillengläsern. Es wird ein kurioses, absolut „verrücktes" Zusammentreffen, wie sich der Ire anschließend notiert: eine Taschenlampe in der einen Hand und einen Zahnstocher in der andern, führt Valentin seinen Gast durch ein Gewirr dunkler Gänge, brabbelt in schwerverständlichem Bayerisch etwas von Madame Tussauds Wachsfigurenkabinett und von Neurosen, um sich dann urplötzlich zurückzuziehen und den Besucher stehen zu lassen. Das kann diesen allerdings nicht hindern, sich noch Jahrzehnte später wohlwollend an Valentins Elektroladen-Sketch zu erinnern, den er sich

[3] Ria Endres, *Am Anfang war die Stimme. Zu Samuel Becketts Werk. Essays* (Frankfurt a.M.: Suhrkamp 1991).

zuvor in einem Vorstadtkabarett angesehen hat: „Ich war sehr bewegt." Der junge Ire heißt Samuel Beckett, und der Besuch bei Valentin beendet eine sechsmonatige Bildungsreise durch Deutschland.

Der ganze Aufenthalt in Nazi-Deutschland hat ihn tief frustriert: die moderne Kunst, die er sich hat ansehen wollen, ist zu großen Teilen aus den Museen verschwunden, und Beckett geht es schlecht. Er ist krank und knapp bei Kasse, hungert und friert und kommt mit seinem Deutsch nicht recht voran: „Wie absurd, diese Mühsal, in noch einer Sprache schweigen zu lernen! [...] Diese Mühsal, noch ein Schweigen zu beherrschen!" Nur selten gelingt es ihm, sich in seinen Galgenhumor zu retten, so etwa, als ein Bamberger Schneider ihm für 120 Mark einen „mitternachtsblauen" Anzug hinpfuscht. Beckett ist sich schnell bewußt, daß er einem Betrüger auf den Leim geht, der statt des ausgemachten guten Stoffs einen schäbigen nimmt, macht aber gute Miene zum bösen Spiel: der Anzug ist, wie er am Ende in sein Tagebuch notiert, „grotesk geschnitten, Jackett zu groß und Hosen zu kurz, aber immerhin blau", und dem Schneider schickt er eine sarkastische Postkarte: „der Anzug ist vortrefflich, mal davon abgesehen, daß er nirgendwo richtig sitzt."

Die zuvor unbekannten Tagebücher von Becketts Deutschlandreise gehören zu dem vielfältigen neuen Material, das in die 1996 erschienene Beckett-Biographie des englischen Literaturwissenschaftlers James Knowlson[4] eingegangen ist und dazu beiträgt, daß diese Lebens-

---

4 James Knowlson, *Damned to Fame. The Life of Samuel Beckett* (London: Bloomsbury 1996); inzwischen auch in deutscher Übersetzung: *Samuel Beckett. Eine Biographie*, üb. v. Wolfgang Held (Frankfurt a.M.: Suhrkamp 2001). – Da meine hier ausgebreitete Einschätzung von Knowlsons Biographie auf der Lektüre der Originalausgabe fußt, habe ich darauf verzichtet, die zitierten Passagen durch den (gelegentlich leicht abweichenden) Wortlaut

beschreibung nicht nur detaillierter, sondern auch ungleich verläßlicher ist als die Biographie, die Deirdre Bair 1978 vorlegte. Becketts harsche Ablehnung der Bairschen Bemühung („Mrs. Bairs Höhenflüge der Phantasie“) ist allgemein bekannt, und ebenso bekannt ist, daß Beckett sein Leben generell nicht ausgeforscht wünschte – „es steht alles in meinem Werk“, pflegte er biographische Schnüffler zu bescheiden. Dennoch gab er am Ende seines Lebens dem langjährigen Freund Knowlson nicht nur die Erlaubnis, seine Biographie zu schreiben, sondern stand ihm auch in zahlreichen Interviews zu diesem Zweck Rede und Antwort und machte ihm Informationsquellen zugänglich. Zudem erfahren wir aus Knowlsons Buch nun, daß zu den letzten Büchern, die Beckett las, offenbar Richard Ellmanns Oscar-Wilde-Biographie und Brenda Maddox’ dubiose Nora-Joyce-Biographie gehörten – beides Darstellungen, die weit ins Privatleben vorstoßen. Beckett wußte also durchaus, worauf er sich da einließ.

Immerhin wird er ebenso gewußt haben, daß Knowlson nicht der Mann war, auf effektheischende Sensationsmeldungen zu bauen. Die Darstellung ist sachlich und unspektakulär, auch unspekulativ; Knowlsons Stil ist nüchtern bis hin zur betonten Uneleganz. Das hat fast notwendig zur Folge, daß selten so etwas wie Plastizität und Anschaulichkeit entsteht, daß wir nie wirklich das Gefühl haben, wir seien eng am Menschen Beckett dran, könnten gar sein Wesen verstehen. Es liegt nahe, das als Defekt dieser Biographie anzusehen, doch derlei Kritik übersieht, daß plastisch nachempfindendes Biographieren Augenwischerei ist, weil es eine Unmittelbarkeit vorgaukelt, die gar nicht besteht. Und natürlich hat die Distanz zu Beckett, die der Leser dieser Biographie nicht zu über-

der deutschen Ausgabe zu ersetzen; alle Zitate habe ich nach dem bei Knowlson gegebenen englischen Wortlaut übersetzt.

brücken vermag, auch damit zu tun, daß Beckett selbst eben auf Distanziertheit Wert legte. Er war nie ein öffentlicher, war immer ein extrem zurückgezogener und in sich gekehrter Mensch, was nur zum Teil bewußte Strategie, zum Teil auch einfach Folge einer ganz extremen Schüchternheit war.

Es überrascht nicht, daß Knowlson aufgrund seiner Wohlinformiertheit mit etlichen Legenden aufräumen kann, die Becketts Leben bisher umrankten. Das betrifft schon den Anfang dieses Lebens. Beckett hat immer behauptet, er sei am Karfreitag, dem 13. April 1906, „als die Nacht hereinbrach“, zur Welt gekommen. Deirdre Bair hat das bezweifelt: sie konnte zeigen, daß im Geburtsregister der 13. *Mai* angegeben ist, und wenngleich Beckett selbst das als Versehen des Standesbeamten erklärt hat, herrschte doch allgemein der Verdacht, Beckett habe sich den Karfreitagskonnex nur zusammenfrisiert, weil der so gut zu seinem düsteren Werk passe. Unsinn, sagt Knowlson und belegt es auch: er verweist darauf, daß Samuel Becketts Geburt am 16. April 1906 in der *Irish Times* bekanntgegeben wurde, womit sich alle weiteren Spekulationen erübrigen.

Ebenfalls richtiggestellt wird die Mär von dem Vorfall im Hafen des Dubliner Vororts Dún Laoghaire kurz nach dem Krieg. Während einer stürmischen Nacht sei dem mittlerweile vierzigjährigen und durch alle Stadien psychischer und physischer Frustrationen gegangenen Autor in einer plötzlichen Offenbarung klargeworden, daß er, um sein Werk auf den Weg bringen zu können, die Abgründe seines Innern nicht länger fliehen dürfe, sondern sich ihnen stellen müsse. Genau so schildert das der kryptische Bericht aus Krapps Vergangenheit in Becketts Einakter *Das letzte Band*, und da Beckett höchstpersönlich bekannt hat, eine solche richtungsweisende „Vision“ habe es gegeben, wurde dieses Erlebnis stets für bare

Münze genommen. Erst Knowlson kann jetzt korrigieren: die „Vision“ hat es zwar gegeben, aber Schauplatz war nicht die Hafenmole, sondern das Haus von Becketts Mutter. Beckett benutzte sein Leben nie als Stoff, der in seinem Werk ausgebreitet würde, sondern allenfalls – in Einzelfällen – als Material, das er punktuell nutzte, um es umgestaltet und künstlerisch neugeformt dem Bildbestand seiner Texte und Stücke einzuverleiben. Indem Knowlson das richtigstellt und an vielen Details belegt, wird er zum überzeugenden Anwalt der Beckettschen Scheidung von Leben und Werk.

Becketts Anwalt wird Knowlson hingegen nie im Sinne eines Schönfärbers: es geht ihm keineswegs darum, Beckett immer im besten Lichte erscheinen zu lassen. Becketts Sturheit und seine gelegentlich beleidigende Schroffheit im Umgang mit Leuten, die ihm unsympathisch waren, kommen ebenso zur Sprache wie Becketts Bordellbesuche, seine außerehelichen Amouren und sein horrender Alkoholkonsum. Vor Einseitigkeit hütet sich Knowlson namentlich bei der Darstellung von Becketts lebensbestimmendem Verhältnis zu seiner Mutter. Von Becketts Kindheit bis zum Tod der Mutter 1950 kam es zwischen den beiden immer wieder zu heftigsten Auseinandersetzungen, die meist damit endeten, daß Beckett, der sich unverstanden fühlte, das Weite suchte, wo er dann an quälenden Schuldgefühlen litt. Deirdre Bair hat die Schuld einseitig der Mutter zugeschoben, die versucht habe, Beckett an sich zu binden, indem sie ihn finanziell kurzhielt, doch so leicht macht es sich Knowlson nicht. Er nimmt auch die liebevolle Seite von Becketts Mutter in seine Darstellung auf, ihre Sorge um den Sohn, und weist darauf hin, daß ihr finanzieller Einsatz keineswegs unbeträchtlich war. Von seiner Mutter ließ Beckett sich nicht nur die Deutschlandreise finanzieren, sondern zuvor schon einen mehrjährigen Aufenthalt in London, der der

Abnabelung von der Mutter und der Bekämpfung seiner psychischen und psychosomatischen Probleme dienen sollte.

Nach London ging Beckett 1933, weil ihm ein befreundeter Arzt psychoanalytische Behandlung empfohlen hatte; die Psychoanalyse war zu diesem Zeitpunkt in seiner irischen Heimat verboten. Tatsächlich brachte die Behandlung eine zeitweilige Linderung solcher Beschwerden wie Schlaflosigkeit, Herzrasen und tiefer Depressionen; am Ende allerdings hielt Beckett die Behandlung für gescheitert. (Die genannten Symptome blieben ihm sein Leben lang erhalten.) Die Behandlung führte ein Dr. Bion durch, ein Schüler C.G. Jungs, und als Jung selbst an der Tavistock-Klinik Vorträge hielt, war Beckett bewegt von Jungs Schilderung einer Frau, die das Gefühl habe, „nie richtig geboren zu sein“. Hier konnte Beckett offenbar einen Teil seiner eigenen Probleme anschließen: die Geburt, jener erste Moment, der ihn gewaltsam von der Mutter trennte und in die Welt warf, galt Beckett stets als etwas, was besser nicht gewesen wäre. Aus psychoanalytischer Sicht fällt denn auch die Deutung der lebenslangen Beckettschen Lust an Kopfsprüngen aus großer Höhe und an Tauchzügen im Meer nicht schwer.

Becketts eigene Erinnerungen reichten nicht nur in die Kindheit, sondern nach seinem Bekunden sogar in die vorgeburtliche Phase zurück: bereits das Leben im Mutterleib habe er als eine Gefängnisexistenz empfunden, als ausweglose Lage dessen, der in der Falle sitzt. Selbst wenn der Verdacht naheliegt, daß das eine Rückprojektion ist, wird doch klar, daß die chronische Lebensangst Becketts aus frühesten Stadien seiner Biographie stammt. Speziell mit der Mutter verband ihn eine Haßliebe von äußerster Intensität: ihr Tod bereitete ihm noch mehr Schmerz als der des geliebten Vaters siebzehn Jahre zuvor, und sein Leben lang kam Beckett nicht über die

Schuldgefühle hinweg, Mutter und Vater enttäuscht zu haben – durch kindlichen Ungehorsam; durch die Weigerung, ins Büro seines Vaters, eines arrivierten Baukalkulators, einzutreten; durch die Kündigung der angesehenen Stelle am Trinity College.

Beckett war für ein Leben im oberflächlichen und materiellen Sinne untauglich, und so gab es für ihn auch nie den Impuls, innere Leere durch äußere Statussymbole zu überdecken. Selbst in den Jahrzehnten des Reichtums blieb seine Pariser Stadtwohnung kahl eingerichtet, sein Landhäuschen ein kleiner Zweckbau mit nur zwei Zimmern, sein Auto eine Ente und seine Kleidung billig. Der persönliche Ruhm, den der schriftstellerische Erfolg mit sich brachte, war ihm zuwider: der Nobelpreis galt ihm wie auch seiner Frau als „Katastrophe", weil er bedeutete, daß die zur Arbeit an seinem Werk nötige Ruhe nun noch schwerer zu finden war. Und die Fortführung seines Werks scheint tatsächlich das einzige gewesen zu sein, was ihn wirklich interessierte: das war sein „Pensum", das war das, was zählte, und zwar getreu der Beethovenschen Devise „Muß es sein es muß sein es muß sein", die sein Wahlspruch wurde.

Diese Beschränkung auf das Werk verleiht Beckett mitunter die Aura eines asketischen Heiligen – daß auch das ein einseitiges Bild ist, zeigen nicht zuletzt die vielen Frauenaffären, von denen Knowlson zu berichten weiß. Beckett fühlte sich seit 1938 mit jener Suzanne verbunden, die er 1961 heiratete und die 1989 kurz vor ihm selbst starb. Es gab aber während dieser Zeit andere Affären, oft sogar mehrere gleichzeitig; mit der Kritikerin und Übersetzerin Barbara Bray hatte Beckett ein Verhältnis, das von 1959 bis zu seinem Tod anhielt. Vielleicht müssen wir auch das, so sehr es Beckett auch mit neuen Schuldgefühlen versorgte, jener tiefen Menschlichkeit zurechnen, die untergründig das gesamte Beckettsche

Werk durchzieht und die er mit keineswegs nur symbolischem Tun zeit seines Lebens bewies. Sein Geld gab er immer freigebig weg, oft auch dann, wenn er wußte, daß man ihn ausnahm. Als ein Penner ihm in einer Pariser Bar auf die Schulter klopfte, was er doch für ein feines Jackett anhabe, zog Beckett es sofort aus und schenkte es dem Penner, samt Tascheninhalt. Mit Spiegel- und Winkzeichen suchte er die Insassen der Pariser Strafanstalt zu unterhalten, auf die er von seinem Schreibtisch blickte, denn er konnte es nicht ertragen, Menschen eingekerkert zu sehen. Das galt selbst noch für Tiere: Zoos waren ihm ein Greuel; im Krieg in Südfrankreich rettete er eine Ratte vor den Forken der Bauern, indem er sie in seiner Hand fing und außerhalb des Hofes wieder freiließ. Diese Einstellung, die Mitleid über alles stellt und den christlichen Glauben verwirft, weil der das Leid zu rechtfertigen sucht, hatte auch auf politischer Ebene Folgen. Beckett arbeitete im Krieg für die Résistance; später setzte er sich leise, aber wirkungsvoll für den in Spanien inhaftierten Arrabal und den in der Tschechoslowakei inhaftierten Havel, für Autoren in Polen und für schwarze Schauspieler in Südafrika und für staatlich terrorisierte Kritiker der französischen Algerienpolitik ein, und regelmäßig unterstützte er Amnesty International.

Nach dem Bild, das Deirdre Bair zeichnete, waren die Beckettschen Leidensjahrzehnte vor allem die Zeit vor seinem künstlerischen Durchbruch in den Nachkriegsjahren: die Zeit der Richtungslosigkeit, der Krankheiten, der lebensgefährlichen Messerstiche 1938 in Paris und der existenziellen Bedrohungen im Krieg. Aus James Knowlsons Biographie tritt aber unter der Hand das Bild einer vielleicht noch größeren Tragödie hervor: die Tragödie des Beckett der letzten Jahrzehnte, der sich, oft monatelang von Theaterterminen und Freundesbesuchen in Atem gehalten, nach dem Rückzug in sein Landhaus sehnt und dann, endlich dort angekommen und allein, unüberwindbaren Schreibblockaden und tiefen Depressionen anheimfällt, die er nur mit Alkohol und Antidepressiva zu bekämpfen weiß. Eine solche Einsamkeit ist niemandem zu wünschen; und eine solche Einsamkeit entzieht sich jeder biographischen Darstellung. Sie findet sich, aufgehoben, im Werk, und Linderung bringt allenfalls der Beckettsche Galgenhumor: „immerhin blau".

Eoin O'Briens Baedeker ins Beckett-Land

An Biographien Samuel Becketts herrscht inzwischen wahrlich kein Mangel mehr, wobei aber nach wie vor unklar ist, was die biographische Forschung denn wohl zur Erhellung der Beckettschen Werke beitragen kann. Wenn die Beckett-Biographen sich an direkten Rückschlüssen vom Leben aufs Werk versuchen, dann wird es in der Regel entweder (bei der nicht immer verläßlichen Deirdre Bair) hochgradig peinlich oder (beim soliden James Knowlson) allzu fliegenbeinzählerisch.

Sehr viel befriedigender ist da rundum Eoin O'Briens Ansatz – der allerdings strenggenommen auch gar kein biographischer Ansatz ist, jedenfalls nicht im klassischen Sinne. Zwar hat O'Brien im Rahmen seiner Nachforschungen[5] tatsächlich einige Details aus dem (frühen) Leben Samuel Becketts ermitteln können, doch das sind eher Nebenprodukte. Eigentlich geht es ihm nicht um das Beckettsche Leben selbst, sondern um die Räume, in denen sich dieses Leben abspielte, bevor Beckett Irland verließ. Eoin O'Brien schaut also nicht auf die Aktionen, die auf der Lebensbühne stattfinden, sondern ebenso kundig wie sympathetisch auf die Kulissen. Und was er

---

[5] Eoin O'Brien, *The Beckett Country. Samuel Becketts Irland*, üb. v. Wolfgang Held, Fotografien David H. Davison, Vorwort James Knowlson (Frankfurt a.M.: Suhrkamp 1997).

dabei herausfindet, das ist nachgerade sensationell: er kann mit seinem prallgefüllten Bild-Text-Band *The Beckett Country* umfassend zeigen, daß praktisch der gesamte Bildbestand des Beckettschen Schaffens – einschließlich des so entweltlicht scheinenden Spätwerks – den Räumen der Kindheit und Jugend Becketts entstammt.

Dieses Unternehmen ist auch deshalb sinnvoll, weil Samuel Beckett – im Gegensatz etwa zu seinem Ziehvater Joyce – ein Mensch mit primär räumlicher Weltwahrnehmung und -orientierung war: die Malerei stand ihm näher als die Musik; selbst die Wahrnehmung von Tönen führt bei seinen Figuren zur Evokation räumlicher Kopfwelten; nicht nur in Becketts Dramen, sondern auch in seiner späten Prosa werden Bühnen, Arenen und Schädellandschaften entworfen. Bei solcher Raumorientiertheit kann es kaum verwundern, daß auch die Erinnerungssplitter, die Beckett aus seiner frühesten Vergangenheit in seine Texte emporholt, stets an konkrete Schauplätze gebunden sind. Eoin O'Brien hat all diese Schauplätze gefunden und beschreibt sie uns atmosphärisch dicht in Wort und Bild.

Es geht O'Brien – zum Glück! – nicht darum, Becketts Text auf die darin eingegangenen Realweltrelikte zu reduzieren und so zu tun, als seien die Texte damit verstanden (oder auch nur verstehbar geworden). Die Texte sprechen für sich, und sie entwerfen Welten für sich. Was uns O'Brien dazuliefert, das ist gewissermaßen ein Horizont, der sich, wenn man *The Beckett Country* durchwandert hat, plötzlich hinter den Texten öffnet. Dieser Horizont kann ganz sicher nicht beim vordergründigen Verstehen, aber doch beim Entwickeln eines gewissen Gespürs für Becketts Arbeiten helfen.

O'Brien hat seinen in jeder Hinsicht prächtigen Band angelegt wie eine Spirale, die sich von innen nach außen dreht. Die Erkundungsreise beginnt in Becketts Geburts-

und Elternhaus, streift dann durch die Dubliner Berge und an der Küste der irischen See entlang, bevor sie für mehrere thematisch gebündelte Kapitel (eines etwa ist den Irrenanstalten gewidmet!) in die Großstadt Dublin eintaucht. Das größere Irland außerhalb Dublins wird in einem weiteren Kapitel auf Beckettsche Topographien durchgesehen, und in einem konzeptionell eigentlich arg aus dem Rahmen fallenden, aber ausgesprochen materialreichen Exkurs lernen wir schließlich die Kleinstadt Saint-Lô in der Normandie kennen, in der Beckett gleich nach dem Krieg als Rotkreuzfahrer das „Menschsein in Ruinen“ erlebte.

Eine Fülle von realen Personen und Begebenheiten, die sich an meist unauffälligen Stellen in Becketts Werk wiederfinden, hat O’Brien ermitteln können. Auf alten Fotos sehen wir so kuriose Dinge wie Becketts Kindergarten, die Briefträger, die in seinem Elternhaus die Post zustellten, und den Bahnhofsvorsteher von Foxrock. Wir erfahren alles Wissenswerte über ein Motorradrennen durch die Wicklow-Berge, an dem Beckett teilnahm, über einen einsamen Turm, in dem der junge Beckett sich einen ersten Rückzugsraum aus der Welt der Mitmenschen einrichtete, und über die vielen Dubliner Landmarken, die irgendwo in Becketts Werk vorkommen. Die Verzahnung des Bildmaterials, das neben historischen Aufnahmen auch atmosphärische Bilder aus der Jetztzeit umfaßt, mit den verschwenderisch ausgebreiteten Zitaten aus Becketts Werk ist vortrefflich, und O’Briens eigene Kommentare sind zwar sparsam, aber immer auf souverän dargebotene Weise fachkundig: als Dubliner wie auch als Freund Becketts kennt O’Brien sich bestens aus im „Beckett Country“, und das Ergebnis seiner Recherchen ist im Detail, in der Aufbereitung und auch im Gesamtkonzept so gelungen, daß dieses Buch für Beckett- und für Irland-Fans ein Lese- und Augenschmaus allerersten Güteklasse ist.

Die deutsche Ausgabe war uns ursprünglich schon zu Becketts 90. Geburtstag im Frühjahr 1996, dann zur Irland-Buchmesse im Herbst desselben Jahres versprochen worden. Zum Glück hat der Verlag aber dann doch die Zeit investiert, die nötig war, um zu gewährleisten, daß Übersetzung und Layout den hohen Standard des Ursprungsunternehmens halten. Sogar ein paar kleinere Fehler der Originalausgabe konnten ausgebessert werden, etwa die Vertauschung der Bildlegenden zu den Fotos zweier Briefträger. Vergeben wurde aber leider die Chance, die Darstellung als solche zu aktualisieren. Die Behauptung beispielsweise, Becketts den Kurs seines Werks neu absteckende „Erleuchtung" im Nachkriegsjahr habe (wie die seiner Theaterfigur Krapp) im Hafen von Dún Laoghaire stattgefunden, wird so nun weiter perpetuiert, obwohl seit dem Erscheinen von James Knowlsons Beckett-Biographie klar ist, daß der Schauplatz ein anderer war. Dennoch gilt: ein so schönes Buch wie dieses hat der deutsche Beckett-Fan, der sich in den letzten Jahren mit einigen äußerst lieblosen editorischen Fehlgriffen abfinden mußte, lange nicht mehr in die Finger bekommen. Willkommen im „Beckett Country"!

Breitgetretene Devotionalien – Beckett im Bild

Der irische Fotograf John Minihan hat seine gesammelten Beckett-Aufnahmen, deren einzelne schon seit Jahren gern und oft in der Presse und auf Buchumschlägen abgedruckt wurden, zu einem schmalen Hochglanzbändchen[6] zusammengebunden. Als Devotionalie mag das Ergebnis zwar seine gute Berechtigung haben, aber der potentielle Käufer sei doch gewarnt.

Becketts überragende Größe als Künstler wie als Mensch äußert sich nicht zuletzt darin, daß zumal seit seinem Tod

---

[6] *Samuel Beckett*, fotografiert v. John Minihan, mit einem Essay v. Aidan Higgins (Frankfurt a.M.: Suhrkamp 1996).

jeder, der einmal mit ihm in persönlichen Kontakt gekommen ist, sein bißchen Bekanntschaft breitzutreten versucht, so gut es geht; von besonderem Vorteil scheint es dabei zu sein, wenn man Ire ist. Auch Minihan ist leider ein solcher Fall. Suggeriert die Verlagswerbung, nicht zuletzt durch den Abdruck eines Beckett-Kärtchens an Minihan, der Fotograf habe auf vertrautem Fuß mit dem Schriftsteller gestanden, so zeigt sich bei genauerer Prüfung, daß beide sich nur zweimal überhaupt gesehen haben: 1980 während einer Beckett-Inszenierung in London und 1985 bei einem kurzen Treffen in Paris. Beide Male machte Minihan Aufnahmen von Beckett, die auch durchaus gelungen sind (zumal es schwer gewesen sein dürfte, die markante Gestalt Becketts zu fotografieren und hinterher *kein* präsentables Ergebnis vorliegen zu haben) – nur wären die gut dreißig Bilder für einen kompletten Portraitband denn doch etwas wenig gewesen, und so mußte Füllstoff her. Als solchen Füllstoff benutzt John Minihan dreierlei: Erstens hat er bei verschiedenen Beckett-Aufführungen Bilder geschossen, die allerdings hinter dem, was es an Theaterfotografie zum Thema Beckett schon gibt, deutlich zurückbleiben. Zweitens finden sich Motive aus der Pariser Wohnumgebung des Meisters abgebildet, von einer Buchhandlung, die uns der Untertext fälschlich als „Shakespeare & Company“ vorstellt, bis zu einem Straßenpissoir („Sam benutzte es oft auf seinen Spazierwegen“). Drittens hat Minihan auch noch Fotos mehr oder minder passender Dubliner Szenerien hinzugefügt, denen aber eine etwas informativere Kommentierung zu wünschen gewesen wäre – ein Bild etwa zeigt drei Fahrräder vor dem Portal der Nationalbibliothek, doch die Örtlichkeit wird nicht identifiziert, und wir erfahren lediglich: „Beckett hatte eine Vorliebe für Fahrräder.“ Zur Illustration der Regieanweisung „Landstraße. Ein Baum. Abend“ hat Minihan sogar ein

Foto aus der englischen Provinz in seinen Band geschmuggelt, als gäbe es in Irland keine fotogenen Bäume.

Wie der Fotograf Minihan geht auch der irische Schriftsteller Aidan Higgins mit seiner Bekanntschaft mit „Sam“ hausieren; sein einführender Essay ist am wenigsten das, als was er uns hier verkauft wird: eben eine Einführung in Becketts Werk. Vielmehr traktiert er uns mit einem stilreichen, aber mitteilungsarmen Sermon über Gott, Joyce und die Welt der nachwachsenden irischen Dichter, der die Kenntnisse, die er nicht vermittelt, schon voraussetzt. Higgins kommt uns erneut mit dem Bild des eingeborenen Joyce-Sohnes Beckett, der „kopfüber gekreuzigt“ worden sei – eine Metapher, die Higgins so gut gefällt, daß er sie seit einem Vierteljahrhundert unermüdlich wiederholt. Ansonsten erfahren wir, daß die Großzügigkeit von Becketts Geist „seltener als Radium“ war und daß sich das Erzählen aus Tiefen erhebt. Aha.

„Heil, Sieg, fette Beute“
Samuel Beckett in seinen Briefen der Jahre 1929 bis 1940

Vom späten Beckett weiß man, daß er seine gar nicht so wenigen Freunde und Bekannten gern auf Distanz zueinander hielt, sich gern mit einem, aber ungern mit mehreren von ihnen traf. Beckett war kein Mann der Gruppen-, sondern einer der Einzelkommunikation. Seinem Freund Thomas McGreevy schreibt er im Juni 1939: „alle Gruppen sind schrecklich.“ Drastischer noch hat er diesen Befund neun Jahre zuvor ausgedrückt, ebenfalls in einem Brief an McGreevy: „Sind die Leute nicht idiotisch?“ Die „Leute“, von denen Beckett sich abgestoßen fühlt, sind Menschen in Gruppen oder auch Menschen, die sich gruppenkonform verhalten. Wer Beckett deswegen für einen Misanthropen hält, geht freilich fehl, denn für einzelne Menschen hat er sich immer interessiert, auch eingesetzt, ihnen notfalls Opfer gebracht.

Und was wäre besser geeignet, mit einzelnen Menschen zu kommunizieren, als der Brief? In den Briefen Samuel Becketts aus den Jahren 1929 bis 1940, die im ersten Band[1] einer auf vier Bände angelegten Edition versammelt sind, ist immer wieder mit Händen zu greifen, wie sehr es Beckett nach der Gesellschaft einzelner Menschen verlangt, die ihm wichtig sind – und dieses Verlangen wird umgesetzt in der Produktion von Briefen. Gelegent-

---

[1] Samuel Beckett, *Weitermachen ist mehr, als ich tun kann. Briefe 1929-1940*, hg. v. George Craig (Editor), Martha Dow Fehsenfeld (Founding Editor), Dan Gunn (Editor) u. Lois More Overbeck (General Editor), für die deutsche Ausgabe üb. u. eingerichtet v. Chris Hirte (Berlin: Suhrkamp 2013).

lich gibt Beckett dem Bedauern Ausdruck, daß sein Gegenüber nicht bei ihm ist; weitaus häufiger allerdings bekundet er seine Freude darüber, von diesem Gegenüber einen Brief erhalten zu haben – es ist die einzige Freude, die Beckett jemals als solche bezeichnet.

In den Ausdruck dieser Freude mischt sich in aller Regel allerdings sogleich das Bedauern darüber, nicht auch selbst Anlaß zur Freude bieten zu können – immer wieder entschuldigt sich Beckett für das Klagen und Jammern, das seine Briefe durchzieht: „verzeih diese Jeremiade." Beckett beklagt seine Enttäuschungen und Frustrationen (Mutter und Bruder verstehen ihn nicht, Verleger wollen seine Bücher nicht drucken, Redakteure lehnen seine Beiträge ab), vor allem aber beklagt er seine eigenen Unzulänglichkeiten. Als er sich mit der Übersetzung der „Anna Livia Plurabelle" von Joyce ins Französische quält, formuliert er seine Klage über die Unmöglichkeit dieses Unterfangens so, daß sie wie die Negierung aller Möglichkeiten überhaupt klingt: „Ich weiß, daß so nichts werden kann, daß so nichts Wertvolles entsteht, aber man macht weiter, getrieben vom Wind, wie die Accidiosi." (Die Letztgenannten sind die „Trägen in Dantes Inferno", wie eine der klugen editorischen Anmerkungen uns aufklärt.) Als McGreevy ihn um Hilfe bei der Suche nach einem Zitat bittet, antwortet Beckett: „Alles was ich tun kann, tue ich mit der größten Freude. Aber Du kannst sicher sein, daß ich alles falsch & schlecht mache." Als er sich in einer ungeliebten Lektorenstelle in Dublin gefangen sieht, gelähmt von der Befürchtung, er könne sich an seine eigene „professorale Inkompetenz" gewöhnen, bekundet er: „Hier geht überhaupt nichts – weder lesen noch denken noch schreiben." Dabei verbringt Beckett doch lange Zeiten damit, sich quer durch die Weltliteratur zu lesen: Augustinus liest er „auf Zitatsuche", ein immenses Pensum diverser Nationalliteraturen zur Mehrung der eigenen Kenntnisse, und gelegentlich findet er sogar zurück zur „alten kindlichen Versunkenheit [...], mit der ich die Schatzinsel & Oliver Twist und vieles andere gelesen habe – frei von allen Plündergelüsten."

Vor allem in den Zeiten, die Beckett aus finanziellen Gründen bei seiner Familie in Irland („Land meiner mißglückten Abtreibung") verbringen muß, ist er wie gelähmt („die Tage rollen über mich hinweg & ich tue nichts") und kann sich höchstens dazu aufraffen, zu Fuß oder mit dem Fahrrad über die Berge zu hetzen: „Ich mag das Wandern mehr & mehr, & je zielloser, desto besser." Am schlimmsten ist ihm die Vorstellung, in Irland hängenzubleiben: „Die Erfahrung, an einem Ort Wurzeln zu schlagen wie ein Polyp, auf einer Art Nährschleim der Konformität zu leben, ist eine schreckliche. Und dazu noch an einem Ort wie diesem."

Jede Rückkehr von Irland nach London, wo Beckett sich 1934/35 einer Psychotherapie unterzieht, ist ihm eine „enorme Erleichterung", und das Wort „Erleichterung" ist in Becketts Wortschatz die größtmögliche Annäherung an einen Ausdruck der Freude (wenn eines der Gedichte, die Beckett gelegentlich seinen Briefen beilegt, vom Adressaten gelobt werden, reagiert er auch darauf „erleichtert", und zwar „sehr"). Dennoch findet er auch in London keine Perspektive für sich und fühlt sich zu allem unfähig: „Wie schwer es ist, eine erträgliche Balance von Arbeit & Leben zu erreichen." (Auch „erträglich" ist eine Vokabel, die bei Beckett schon die größtmögliche Annäherung ans unerreichbare Glück bezeichnet.) Nur mit Mühe gelingt es ihm, wenigstens am Schreiben festzuhalten („Das einzige Gebiet, auf dem meine Niederlage noch nicht erwiesen scheint, ist das literarische"), nachdem er ein Weilchen zuvor noch befürchtet hatte, er könne „vom Drang zum Schreiben geheilt" sein, und seinen Roman *Murphy* fertigzustellen. Über diesen Roman äußert er sich zwar auch nicht gerade begeistert

(„Am Ende ödet er mich ziemlich an, Murphy O'Blomow"), verwendet aber auf die Versuche, ihn publiziert zu bekommen, mehr Energien als auf irgend etwas anderes.

Vielleicht rührt dieser Energieschub auch daher, daß nur professionelle oder öffentliche Anerkennung die Schuld- und Minderwertigkeitsgefühle, die Beckett seiner Familie gegenüber verspürt, lindern könnte. Becketts vorrangiges Bestreben ist es, sich auf eigene Füße stellen und das fesselnde Zuhause hinter sich lassen zu können; zu diesem Zweck erwägt er alle möglichen und auch unmöglichen Schritte (einmal will er, der nichts über das Fliegen weiß, sogar Pilot werden), deren Umsetzung aber in der Regel daran scheitert, daß er über keinerlei Fähigkeiten zu verfügen glaubt: „Wenn ich wenigstens Reifen flicken könnte!" Wenn er etwas kann, dann allenfalls auf dem Feld der Literatur oder vielleicht noch auf dem der Kunstkritik (in vielen Briefen finden sich scharfsinnige Analysen von Gemälden und Malstilen).

Becketts Erwägungen, sich auf Lektorenstellen in Harvard, Mailand oder Rhodesien zu bewerben, sind eher getrieben von dem Wunsch, den Verstrickungen in Irland zu entkommen, als von der Hoffnung auf Karrieren, und auch seine ausgedehnte Deutschlandreise 1936/37 ist, wie Beckett selbst vermerkt, mehr eine Reise „weg von" als eine Reise „zu" etwas. Tatsächlich beworben hat er sich auf eine Universitätsstelle in Kapstadt; aufschlußreich ist, womit er in dem einzureichenden Lebenslauf die Tätigkeitslücke der Jahre 1932-37 füllt: „Privatstudien und Aufsätze. Reisen nach Frankreich und Deutschland." Daß Beckett weitaus mehr gemacht, erlebt und geschrieben hat, als ein dürrer Lebenslauf preisgeben kann, zeigen uns die Briefe dieser Jahre. „Ich kann nicht lesen, schreiben, trinken, denken, fühlen oder mich rühren", klagt Beckett im November 1936 aus Hamburg und belegt doch mit fast jedem Satz seiner Briefe das Gegenteil.

Die Jahre von 1929 bis 1940, aus denen die hier versammelten Briefe stammen, waren für Beckett Jahre des Erlebens, der (oft erzwungenen, bisweilen ersehnten) Bewegung, durchaus auch des Handelns. Als lückenlose Dokumentation dieser Zeit oder gar als Biographie in Selbstzeugnissen können die Briefe freilich nicht hinreichen, dazu sind sie viel zu lückenhaft – wichtige Themen und Ereignisse wie etwa Becketts Beziehungen zu Lucia Joyce und Peggy Guggenheim oder seine lebensgefährliche Verletzung durch einen Messerstecher kommen nicht oder nur indirekt vor (Beckett bekundet „Erleichterung", als der Messerstecher nur zu zwei Jahren Gefängnis verurteilt wird). So ist die Lektüre dieser Briefe erst sinnvoll, nachdem man sich auf anderem Wege über Becketts Lebensumstände der fraglichen Jahre informiert hat, beispielsweise aus der grundlegenden Biographie James Knowlsons. Da Knowlson seinerzeit fast alle hier abgedruckten Briefe schon gesichtet hat und viele ausführlich zitiert, sind uns allerdings die wirklich aufschlußreichen Briefstellen großteils schon bekannt; als Kenner der Beckett-Biographie erfahren wir im Briefband kaum Neues.

Nun war es freilich gerade Samuel Beckett, der immer wieder darauf insistiert hat, es gehe in der Literatur nicht darum, etwas Neues zu sagen, sondern darum, die selben Dinge immer wieder zu sagen, und immer wieder neu. Und in der Tat hat die Lektüre vollständiger Beckett-Briefe eine Qualität, die mit zusammenfassenden Paraphrasen und ausschnitthaften Zitaten so nicht zu haben ist. Erst beim Lesen der Briefe selbst eröffnet sich der unvergleichliche Beckett-Sound. Es ist dies im übrigen kein Sound des Immergleichen, denn Beckett weiß seinen Ton anzupassen: dem verhandelten Gegenstand und vor allem dem jeweiligen Adressaten. Bisweilen wird der Beckett-Sound beinahe lethargisch, dann aber auch wieder aufgekratzt oder gar überspannt, und einige Briefe, die Beckett von und nach seiner Deutschlandreise schreibt, sind übersät mit deutschen Floskeln, die Beckett in offen satirischer Absicht benutzt: „Heil, Sieg, fette Beute and a Merry Xmas"; „Gehorsamst Sam" („so im Original", fügt der Übersetzer vorsichtshalber hinzu).

Eines immerhin ist allen Tonschattierungen des Beckett-Sounds gemein – hier fallen fast durchgängig Distanziertheit und Beteiligung in eins. Becketts Ton ist ein Ton der unablässigen unterschwelligen Distanzierung, einer Distanzierung vor allem von sich selbst; einmal gibt er zu: „Es ist ein großes Handicap für mich [...], daß ich mich nicht auf direkte Art ausdrücken kann". Bei oberflächlichem Hinsehen könnte man meinen, die Dinge, von denen Beckett schreibt, und die Personen, denen er sich zuwendet, interessierten ihn nicht wirklich. Dieser Eindruck allerdings ist ein Trugschluß. Becketts Ton der ganz feinen Distanzierung zielt darauf ab, unerträgliche Dinge durch sprachliche Verwandlung erträglich zu machen – genau diese Distanzierung erlaubt es ihm dann wiederum, sich mit Dingen zu befassen, die ihm eigentlich gerade doch zu nahe gehen, als daß er sich dazu äußern könnte. Die distanziert scheinende sprachliche Umsetzung und auch Formalisierung dient also paradoxerweise dazu, ganz nah an Abgründe und Entsetzlichkeiten (auch des Ichs) heranzukommen, die ansonsten unerreichbar und nicht zu fassen wären. Dieses Phänomen, eng an den Beckett-Sound gekoppelt, scheint in den hier versammelten Briefen auf, durchzieht aber natürlich auch das Werk Becketts, und zwar vor allem das reife, das später entstandene Beckett-Werk. Insofern hat Mitherausgeber Dan Gunn recht, wenn er einleitend schreibt: „Briefe ermöglichen ihm ein Schreiben, eine Stimme vielleicht, die er in der öffentlichen Arena noch nicht einzusetzen wagt."

Vermutlich ist diese Formulierung aber auch taktisch begründet. Schon 1985 hat Beckett selbst Martha Fehsenfeld autorisiert, eine Ausgabe seiner Briefe zu erstellen, allerdings mit der Einschränkung, es dürften nur Briefpassagen publiziert werden, die relevant für sein Werk seien. Diese Einschränkung hat das Erscheinen der Ausgabe um Jahrzehnte verzögert, zumal Becketts erster Nachlaßverwalter, der Verleger Jérôme Lindon, die Einschränkung sehr eng ausgelegt sehen wollte. Nach Lindons Tod hat sich der Rechtsnachfolger, Becketts Neffe Edward, zu einer großzügigeren Auslegung bekannt, derzufolge auch die Briefe selbst ein „Werk" konstituieren, aber Beschränkungen, die vor allem private Inhalte betreffen, bleiben. Etliche Briefe konnten deswegen nur gekürzt und andere gar nicht gedruckt werden.

Dies ist allerdings nur der eine Grund, warum wir Becketts Briefe nur in einer Auswahl-, nicht in einer Komplettausgabe bekommen; der andere ist der kaum publizierbare Gesamtumfang. Insgesamt 15.000 Briefe Becketts sind bisher gefunden worden; 2500 davon sollen in den vier Bänden der Ausgabe abgedruckt, weitere 5000 im Anmerkungsapparat zitiert werden. So verständlich die Entscheidung für eine Auswahl ist – mißlich ist sie doch, wie der erste Band zeigt. Er enthält gut 200 Briefe, davon die Hälfte an Becketts wichtigsten Freund dieser Zeit, Thomas McGreevy – aber es existieren noch viel mehr Briefe an McGreevy, von dessen (allerdings großteils verlorenen) Antworten ganz zu schweigen, und die Auswahl verhindert alle Kontinuität. Eine Publikation des kompletten erhaltenen Briefwechsels Beckett / McGreevy bleibt deswegen unser Wunsch an die Zukunft.

Für die verhinderte Kontinuität versucht das Herausgebergremium der Auswahlausgabe mit Anmerkungen und Zeitleisten zu sorgen, die allerdings nicht immer glücklich formuliert und auch nicht immer korrekt sind (einige haarsträubende Fehler wie die in der Originalausgabe zu findende Behauptung, Hitler sei am 1. Januar 1933 Reichskanzler geworden, werden immerhin vom Übersetzer und Bearbeiter der deutschen Ausgabe korrigiert, der zudem einige hilfreiche Dinge nachträgt, zum Beispiel eine Erläuterung des sonst nur für Keltologen verständlichen Begriffs „Pokornographie“; in anderen Fällen streicht er zweifelhafte Fußnoten leider stillschweigend, statt Fehlinformationen richtigzustellen, und auch die Zeitleisten werden aus unerfindlichen Gründen gegenüber der Originalausgabe verkürzt). Vielleicht ist die Ausgabe auch weniger für die kontinuierliche als für eine gezielt springende Lektüre geeignet, die allerdings durch ein lücken- und fehlerhaftes Register erschwert wird. Hoffen wir, daß solche kleinen Schönheitsfehler in den drei ausstehenden Bänden (von denen einer inzwischen in England erschienen ist) unterbleiben – und daß die Komplettierung der Ausgabe nicht nochmals ein Vierteljahrhundert Vorbereitungszeit braucht. Becketts Briefe führen ins Zentrum der Existenz eines Autors, der das 20. Jahrhundert vielleicht besser verkörpert als jeder andere, und deswegen möchten wir von diesen Briefen lesen, soviel nur möglich ist.

Für schlichtes Lesen ohne wissenschaftliche Verwertungsinteressen ist Chris Hirtes Übersetzung im übrigen durchaus geeignet; zwar könnte man sich hier und da ein wenig mehr Nähe zum Wortlaut der deutschen Beckett-Werkausgabe wünschen, doch der erwähnte Sound Becketts kommt in den deutschsprachigen Brieffassungen gut zur Geltung. Daß und warum hingegen für die wissenschaftliche Beschäftigung diese übersetzte Fassung nicht benutzt werden sollte, legt Hirte in einer ausführlichen „Vorbemerkung des Übersetzers“ etwas umständlich dar und begründet damit auch die zum Teil leicht irritierenden editorischen Abweichungen von der Originalausgabe.

Diese Abweichungen haben zu dem erstaunlichen Satz im Impressum geführt: „Cambridge University Press, Herausgeber und The Estate of Samuel Beckett übernehmen für die deutsche Ausgabe keine Gewähr.“ Wer eine „Gewähr“ will (was immer das in der Praxis auch heißen mag), greife also unbedingt zur Originalausgabe, sei dabei aber stets auf der Hut vor Patzern in der Kommentierung.

Lidschlag im Dunkel
Becketts Essay *Die Welt und die Hose*

Samuel Beckett hat in den Jahren unmittelbar nach dem Zweiten Weltkrieg eine Reihe kritischer Texte über moderne Malerei geschrieben – über unbekannte, zum Teil mit ihm persönlich verkehrende Künstler wie Tal Coat, André Masson, Henri Hayden und vor allem die Gebrüder Bram und Geer van Velde. Der längste dieser Texte – auch er gilt den van Veldes – liegt in deutscher Übersetzung als Separatpublikation vor unter dem Titel *Die Welt und die Hose*[1]. Auf intrikate und betont unakademische Weise versucht Beckett, als Kunstkenner museums- und ausstellungserfahrener Autodidakt, in diesem Essay nachzuweisen, wie nachhaltig die holländischen Malerbrüder darum bemüht waren, mit den durchaus unterschiedlichen Hosenbeinen ihrer beiden Œuvres der Welt etwas genuin Eigenes entgegenzusetzen.

Beckett hält nichts von kanonbildenden Lehrmeinungen; ihm geht es nur um die Bilder selbst, und steht er ihnen gegenüber, so forscht er jenen Spuren künstlerischen Schaffensdranges nach, die sich darin ablesen lassen:

> Es gibt keine Malerei. Es gibt nur Gemälde. Und da es keine Würstchen sind, sind sie weder gut noch schlecht. Alles, was man sagen kann, ist, daß sie mit mehr oder weniger Verlusten ein absurdes, mysteriöses Drängen

---

1 Samuel Beckett, *Die Welt und die Hose*, üb. v. Erika Tophoven-Schöningh (Frankfurt a.M.: Suhrkamp 1990); wieder abgedruckt in Samuel Beckett, *Das Gleiche nochmal anders. Texte zur Bildenden Kunst*, hg. v. Michael Glasmeier u. Gaby Hartel (Frankfurt a.M.: Suhrkamp 2000), S. 21-41.

> zum Bild wiedergeben und daß sie mehr oder weniger dunklen inneren Spannungen entsprechen.

Wie angemessen die aus solchen Blickwinkeln gespeiste Beckettsche Analyse der Bilder Bram und Geer van Veldes ist, mögen Malereispezialisten entscheiden; Becketts Essay aber bestimmt sich in seinem Wert gewiß nicht nur aus der Beantwortung dieser Frage. Bei einem hochreflektierten Wortkünstler wie Beckett kann ein Text dieser Art nicht frei von impliziten Aufschlüssen über das eigene Schaffen sein; solche Aufschlüsse sind um so willkommener, als Beckett sich zu expliziten Selbstbekundungen nur selten hat hinreißen lassen.

Becketts Prosatexte und Bühnenszenarien sind nachhaltig visuell geprägt, und schon allein das deutet darauf hin, daß es nicht nur oberflächliche Berührungspunkte zwischen seinem eigenen Schaffen in Worten und dem essayistischen Nach-Schaffen bildnerischer Kunst gibt. Die Vorstellungen vom Lidschlag des Malers in der Unbeweglichkeit und Leere des Dunkels, vom „Ziel, das darin besteht, es enden zu lassen“, vom Einfangen eines inneren Bildes, vom Sichentziehen einer „gewichtlosen, kraftlosen, schattenlosen Welt“ – sie alle sind tief in Becketts Kunst verwurzelt, und Beckett leugnet auch gar nicht, daß er dem Schaffen der van Veldes die eigene Ästhetik überstülpt:

> Es war übrigens in keinem Augenblick die Rede von dem, was diese Maler machen, oder glauben zu machen, oder machen wollen, sondern einzig und allein davon, was ich sie machen sehe. Ich wiederhole es ausdrücklich, aus Angst davor, daß man sie für Scheißintellektuelle hält.

Nicht ganz ohne Interesse ist fraglos auch, daß *Die Welt und die Hose* Becketts erste Veröffentlichung in französischer Sprache war; der Aufsatz erschien 1945 in der Zeitschrift *Cahiers d'art*. Die Erkundung der Malerei der van Veldes bringt also neben der indirekten Selbsterkundung auch einen ersten Schritt der Beckett-Prosa in eine neue sprachliche Umgebung. Leider wird dies dem Käufer der deutschen Ausgabe nicht mitgeteilt; der Suhrkamp-Verlag erweckt im Waschzettel sogar den Eindruck, als habe Beckett den Text erst 1989 für eine Ausstellung geschrieben, in deren Katalog er abgedruckt wurde. Man mag einerseits dem Verlag keine böse Absicht unterstellen – vielleicht hat man's bei Suhrkamp selbst nicht besser gewußt. Andererseits möchte man aber gerade das dem Werk Becketts auch nicht wünschen: daß man sich im Hause Suhrkamp, das zu Recht stolz ist auf die jahrzehntelange Betreuung des Beckettschen Œuvres, darin nicht einmal richtig auskennt.

Beckett, erschöpft
Gilles Deleuze erschließt Becketts Fernsehspiele

Vier Gestalten, namenlos, gesichtslos, schlurfen in strenger Abfolge auf geometrisch genau bestimmter Bahn die Seiten und Diagonalen eines Quadrats entlang; unterstützt wird ihre Choreographie durch permutative Licht-, Schlagzeug- und Kostümeffekte. *Quadrat* heißt jenes Fernsehspiel, das sich in solch rudimentärem Geschehen erschöpft – eine von insgesamt fünf Arbeiten, die Samuel Beckett für das Fernsehen geschrieben hat und von denen die vier letzten und kürzesten sich mit dem Essay „Erschöpft“ von Gilles Deleuze in einem Band versammelt finden. Becketts erstes Fernsehspiel hingegen, *He, Joe* von 1968, fand keine Berücksichtigung, was nicht etwa damit zu begründen wäre, daß man die Quadratur des hermeneutischen Zirkels, der dieser liebevoll ausgestatteten Edition unterlegt ist, durch eine Vierzahl der Texte markieren wollte; vielmehr wertet Gilles Deleuze *He, Joe* allenfalls als eine „Einführung in Becketts Fernseh-Œuvre“, als noch nicht vollgültigen Versuch in Richtung auf jene Ästhetik, die die späteren Arbeiten gemeinsam haben.

Der Essay von Deleuze ist das eigentliche Herzstück des Büchleins *Quadrat: Stücke für das Fernsehen*[1], nicht nur weil er den nur wenige Textseiten umfassenden TV-Skripts gegenüber das quantitative Übergewicht hat, son-

[1] Samuel Beckett, *Quadrat, Geister-Trio, ...nur noch Gewölk..., Nacht und Träume. Stücke für das Fernsehen*, Gilles Deleuze, *Erschöpft. Essay*, üb. v. Erika und Elmar Tophoven (Frankfurt a.M.: Suhrkamp 1996).

dern auch weil diese Skripte in der (freilich ebenso ungenügenden wie unvollständigen) Suhrkampschen Beckett-Werkausgabe schon lange verfügbar sind. Deleuze unternimmt es nun aber, die so unscheinbar und kryptisch wirkenden Fernsehspiele im Rang aufzuwerten, sie sogar als höchste und letzte Ausdrucksmöglichkeit Becketts zu identifizieren. Ausgangspunkt ist ihm der Vorgang des Erschöpfens, den er als Kernvorgang des Beckettschen Werks überhaupt begreift: bei Beckett erfolge „die Verwirklichung des Möglichen durch Ausschließung“, durch „erschöpfende Serien“, und „nur der Erschöpfte kann das Mögliche erschöpfen, weil er auf alle Bedürfnisse, Vorlieben, Ziele oder Sinngebungen verzichtet hat“. Konzis läßt sich dies vor allem am Stück *Quadrat* belegen, wo Beckett permutierend alle gegebenen Möglichkeiten abruft, sie eben „erschöpft“ und im Skript dann sogar mehrmals eigens vermerkt, alle Variationen seien gegeben („given“, wie es im Original heißt – in der deutschen Übersetzung steht dafür leider ein in die Irre führendes „festgelegt“).

Sich erschöpfen sieht Deleuze bei Beckett vor allem aber die Sprache selbst: er unterscheidet drei sukzessiv realisierte Beckett-Sprachen, deren letzte, „die Sprache III, nicht mehr die der Nomen oder der Stimmen, sondern die der Bilder, der klingenden, farbigen Bilder“ und auch der Räume sei, die die Fernsehspiele beherrscht. In der Analyse dieser „Sprache III“ gelingt Deleuze eine Gratwanderung, die in der Beckett-Kritik höchst selten ist: er hütet sich vor jenen platten Ausdeutungsversuchen, die einen Großteil der Beckett-Philologie so unerträglich machen, und er verfällt gleichzeitig nie in jenes Theoretisieren, das die Texte völlig vergißt. Luzid und doch auch anschaulich legt Deleuze hier eine Analyse vor, die keineswegs nur vier Fernsehspiele, sondern Becketts

Gesamtwerk überhaupt überzeugend aufzuschließen vermag.

Schade nur, daß Deleuze gerade in dieser Hinsicht sein Licht etwas unter den Scheffel stellt, indem er darauf beharrt, nach Maßgabe der von ihm beobachteten Phänomene seien die Fernsehspiele etwas Singuläres innerhalb von Becketts Gesamtwerk. Daß sie das nicht sind, erhellt schon allein daraus, daß Beckett sein Theaterstück *Was wo* schließlich zu einem Fernsehspiel umschreiben konnte. Worterschöpfung gelang Beckett eben auch da, wo er weiterhin Wörter benutzte, und die Behauptung von Deleuze, „Worte wurden für Beckett immer unerträglicher", sollten wir etwas relativieren – das von Deleuze zum Beleg zitierte Gedicht „Wie soll man sagen" übersetzte Beckett immerhin kurz vor seinem Tod noch ins Englische, und zwar unter einem Titel, der noch immer nach dem Wort fragt: „What is the word".

Unseld / Beckett
Fußnoten zu einer Verleger-Autor-Beziehung

Als Suhrkamp-Verleger Siegfried Unseld noch in seinem Haus in der Klettenbergstraße in Frankfurt residierte, in das er einmal jährlich zur Buchmesse zum „Kritikerempfang“ einlud, konnte man an prominenter Stelle des Wohnzimmers über eine Stellage mit hintereinanderstehenden großformatigen Fotos stolpern, die alle das gleiche Motiv zeigten: den Hausherrn Unseld mit jeweils einem Autor seines Verlags. Beim Kritikerempfang 1991 zeigte das vorderste Foto Unseld mit dem in jenem Jahr verstorbenen Max Frisch; in *allen* anderen Jahren, zumindest soweit ich anwesend war und mich von der Anordnung überzeugen konnte, stand ein anderes Foto vorn, und zwar ohne Unterschied immer dasjenige, das Siegfried Unseld an der Seite Samuel Becketts zeigte. Ein Zufallsarrangement war das natürlich nicht.

Die bevorzugende Hochschätzung Becketts durch Unseld, die sich in der stolzen Präsentation des gemeinsamen Fotos ausdrückt, ist auch in schriftlichen Zeugnissen vielfach belegt. Beispielsweise notiert Unseld Ende April 1971 nach einem Treffen mit Beckett: „Das Gespräch mit ihm zählt zum Schönsten, was es für mich überhaupt gibt. Beckett ist für mich als Mensch wie als Autor vorbildlich und vollkommen“[1]. Die Formulierung „als Mensch wie als Autor“ legt nahe, daß die Hochschätzung weit über das hinausgeht, was mit Unselds professionellem Interesse an Becketts Werk zu tun hat – aber für den Verleger ist dieses professionelle Interesse natürlich nie nachrangig. Schon 1968 – also vor der Vergabe des Nobelpreises an

[1] Uwe Johnson / Siegfried Unseld, *Der Briefwechsel*, hg. v. Eberhard Fahlke u. Raimund Fellinger (Frankfurt a.M.: Suhrkamp 1999), S. 684.

Beckett, die dessen Stellenwert immens erhöhte – schreibt Unseld an seinen neuen Verlagsautor Thomas Bernhard: „Sie wissen, daß im Suhrkamp Verlag Beckett als Nummer 1 aller Autoren rangiert und daß wir uns um ihn wirklich bemühen."[2] Anlaß der Bekundung ist Bernhards Gejammer, der Verlag verkaufe nicht genug Bücher von ihm; Unseld kann ihm entgegenhalten, von Becketts 1954 erschienenem Prosa-Verkaufsschlager *Molloy* seien zu diesem Zeitpunkt erst 2554 Exemplare abgesetzt worden.[3] Damit ist dann auch klar, daß für den verlagsinternen Ehrentitel „Nummer 1 aller Autoren" keineswegs der wirtschaftliche Erfolg ausschlaggebend ist.

Was aber ist dann ausschlaggebend? Mitte der 70er Jahre formuliert Unseld über jenen Autor, der den Verlag in seinen Anfangsjahren wirtschaftlich entscheidend gestärkt hat: „Hesse war – neben Samuel Beckett – der bescheidenste Autor, dem ich begegnet bin. ‚Geld und Macht', Vermögen und Einfluß galten ihm nichts [...]."[4] Auf Beckett gemünzt wiederholt Unseld das ein Jahrzehnt später: „Dieser Dichter ist der bescheidendste [sic], den ich kenne. Ihm geht es um sein Werk, seine Fürsorge gilt anderen."[5] Der „Fürsorge" des Werks von Beckett hat Unseld sich und seinen Verlag verschrieben; für Beckett scheint dabei zu sprechen, daß er dem Fürsorger sein Amt relativ leicht macht: „jede Begegnung mit einem Autor ist ein diffiziler Vorgang. Nicht mit Beckett."[6]

---

2 Thomas Bernhard / Siegfried Unseld, *Der Briefwechsel*, hg. von Raimund Fellinger, Martin Huber u. Julia Ketterer (Frankfurt a.M.: Suhrkamp 2009), S. 79.

3 Vgl. ebd.

4 Siegfried Unseld, *Begegnungen mit Hermann Hesse* (Frankfurt a.M.: Suhrkamp 1975 / st 218), S. 220.

5 Siegfried Unseld, „Bis zum Äußersten. Samuel Beckett zum 80. Geburtstag – 1986", in: *Theater heute* 2 (Februar 1990), S. 23.

6 Ebd.

Wenn Unseld an Beckett vornehmlich die Bescheidenheit rühmt, so müssen wir hinzusetzen, daß Unseld selbst gerade nicht der bescheidenste aller Verleger war. In einem Versuch, Unselds Wesen als Verleger (und womöglich auch als Mensch) auf den Punkt zu bringen, beschrieb die österreichische Autorin Marianne Fritz ihn mir gegenüber einmal als „Panzer“, eine Charakterisierung, die durchaus positiv gemeint war: Unseld verfolge unbeirrt den Weg, den er sich gesetzt habe, und räume alles zur Seite oder mache alles platt, was sich ihm in diesen Weg stelle. Diese Methode, Macht und Dominanz auszuüben, ist das Gegenteil dessen, was Unseld nach eigenem Eingeständnis an Beckett schätzte; gleichwohl hat er seine Panzerhaftigkeit virtuos so eingesetzt, daß gerade der bescheidene, machtlose, ungepanzerte Beckett und sein Werk davon profitierten.

Basis dieser symbiotischen Beziehung zweier ungleicher literarischer Akteure sind die vor allem seitens des Verlags zielstrebig erweiterten, vertieften und unauflöslich verknüpften Bindungen geschäftlicher und persönlicher Natur – „als Mensch wie als Autor“ begriff Unseld in Beckett sein ideales Gegenüber, also suchte er selbst ihm „als Mensch wie als Verleger“ stets hilfreich zu begegnen. Damit erhält die Verleger-Autor-Beziehung einen Freundschaftsaspekt, den beide Seiten sorgsam pflegen; und dieser Aspekt geht offenbar schon auf Unselds Vorgänger in der Verlagsleitung zurück, also auf Peter Suhrkamp. An die Situation nach dem Tod Suhrkamps am 13. März 1959, der für Unseld die Übernahme des Verlegeramtes bedeutete, erinnerte er sich sehr viel später folgendermaßen:

> Suhrkamp war 1953 zur Uraufführung von Samuel Becketts „En attendant Godot“ gereist. Er war beeindruckt, er traf Beckett, und er entschied sich sofort für diesen ja nicht einfachen Autor. Die Übersetzung ver-

> traute er seinem Freunde Erich Franzen an, es gab Schwierigkeiten wegen dieser Übersetzung, so dass es mir nach Suhrkamps Tode auch aufgegeben war, mit der definitiven Übersetzung Elmar Tophoven zu betrauen.[7]

Dies ist eine etwas rätselhafte Darstellung, denn als Beckett-Übersetzer kam Elmar Tophoven keineswegs erst ab 1959 ins Spiel, sondern er übersetzte bereits *Warten auf Godot*, das 1953 bei Suhrkamp erschien, und auch alle weiteren dramatischen Texte; Erich Franzen übersetzte nur *Molloy* (die Übersetzung erschien 1954), der nächste Roman *Malone stirbt* folgte 1958 in Tophovens Übersetzung. Kein Zufall aber ist wohl, daß Unseld in seiner nicht ganz korrekten Erinnerung das Thema Freundschaft mit ins Spiel bringt; untergründig schwingt mit, in Sachen Beckett habe zunächst die Freundschaftsachse Suhrkamp / Franzen agiert und dann womöglich eine Freundschaftsachse Unseld / Tophoven. Entscheidend allerdings wurde schnell die übergeordnete Freundschaftsachse Unseld / Beckett.

---

[7] Siegfried Unseld, „Im Zug nach Frankfurt", in Günter Berg / Raimund Fellinger / Rainer Weiss (Hg.), *50 Jahre Siegfried Unseld im Suhrkamp Verlag 1952-2002* (Frankfurt a.M.: Suhrkamp 2002), S. 7-13, hier S. 12 f. – Zu Peter Suhrkamps ersten Kontakten zu Beckett unmittelbar nach der Uraufführung von *Warten auf Godot*, der Suhrkamp beiwohnte, vgl. auch Wiebke Sievers, „Becketts deutsche Stimme: Zur Übersetzung und Vermittlung seiner Werke im deutschsprachigen Raum", in Therese Fischer Seidel / Marion Fries-Dieckmann (Hg.), *Der unbekannte Beckett. Samuel Beckett und die deutsche Kultur* (Frankfurt a.M.: Suhrkamp 2005 / st 3674), S. 224-243, hier S. 225 f. Sievers betont die Rolle der persönlichen Sympathie bei der Entscheidung Suhrkamps, sich des Beckettschen Werks anzunehmen; offen bleibt, ob diese Einschätzung womöglich zumindest teilweise eine Rückprojektion von Suhrkamps Nachfolger Unseld gewesen sein mag, auf dessen Darstellung die Information zurückgeht.

Unselds erste Tat zugunsten der Verlagsbindung Becketts war 1956 – noch zu Zeiten Peter Suhrkamps – die Sicherung der Verlagsrechte am *Endspiel*.[8] Dieses Wirken trägt Unseld im August ein erstes Schreiben Becketts ein, das den Ton für viele weitere setzt: „ich war sehr glücklich, über Sie Neuigkeiten von Elmar Tophoven zu erhalten. [...] Vertrauen Sie, lieber Monsieur, auf meine treue Freundschaft."[9] Das, was Unseld im Gegenzug für diese „treue Freundschaft" zu bieten hat, schreibt er Beckett nach einer ersten persönlichen Begegnung am 8. August 1958: „Uns liegt viel daran, mit Ihnen in enger und lebendiger Verbindung zu stehen und Ihnen immer wieder zu bestätigen, wie intensiv und leidenschaftlich wir uns bemühen, für Ihr Werk im deutschen Raum ein Echo zu erzielen"[10]. In seinen Briefen an Unseld verwendet Beckett anfangs noch die Anrede „Cher Monsieur"; irgendwann zwischen Oktober 1961 und August 1965 geht er aber zu „Cher ami" über, womit die Freundschaft als Leitmodus der Verbindung gleichsam besiegelt ist; spätestens nach einem folgenreichen Treffen in Paris am 14. März 1969 unterschreibt er zudem vertraulich als „Sam", und Unseld geht zu diesem Zeitpunkt vom vorherigen „Sehr geehrter Herr Beckett" zu „Lieber Sam" über (man siezt sich allerdings weiterhin)[11].

---

[8] Vgl. Jan Bürger / Magdalena Hack (Hg.), *Zur Ausstellung Suhrkamp-Insel 2: „Becketts Botschaften"*, Pressemappe (Marbach: Deutsches Literaturarchivs 2010), S. 1: „Der junge Siegfried Unseld befasste sich zum ersten Mal drei Jahre später intensiv mit Beckett, als es darum ging, die deutschen Rechte an dessen *Endspiel* für den Verlag zu sichern; das Stück erschien im Suhrkamp Verlag 1957 in der Übersetzung von Elmar Tophoven."

[9] Ebd., Exponat 1/30.

[10] Ebd., S. 3.

[11] Vgl. Gaby Hartel, „'Cher ami' – 'Lieber Samuel Beckett'. Beckett and his German Publisher Suhrkamp Verlag", in Mark Nixon (Hg.),

Wie man weiß, hatte Beckett die Angewohnheit, seine Freundschaften nach Möglichkeit separat voneinander zu pflegen und Treffen mit Freunden, Kollegen und Bewunderern so zu arrangieren, daß er es möglichst nur mit einem Gegenüber gleichzeitig zu tun hatte. Siegfried Unseld hat diese Gewohnheit entweder nicht zur Kenntnis genommen oder ignoriert. Bekannt ist Unselds Maxime, nicht einzelne Bücher, sondern Autoren zu verlegen; hinzu kommt allerdings noch das Bestreben, diese Autoren miteinander zu vernetzen und so eine Art Suhrkamp-Familie zu organisieren, deren Mitglieder sich gegenseitig gut behandeln, notfalls auch helfen und gegenseitig Glanz verleihen. Beckett profitiert von dieser Tendenz, weil Unseld namhafte Verlagsautoren für ihn einspannt – erinnert sei nur an Theodor Adorno, der Beckett zu Ehren eine große Rede hält, oder an Uwe Johnson, der zusammen mit Hans Mayer und dem Verlag eine Beckett-Tagung organisiert und leitet. Auf Beckett kommen dadurch allerdings auch Gegenleistungen zu, die er wohl kaum erbracht hätte, hätte es sich nicht um Dienstleistungen für den ihm so sehr verbundenen Verlag gehandelt: er erträgt es, bei Adornos Vortrag anwesend zu sein; er stellt unveröffentlichte Werke für einen Band zum Gedenken an Günter Eich und auch für eine Festschrift zu Ehren von Hans Mayer zur Verfügung. Und er erträgt es eben auch, daß Unseld zu ihren Treffen häufig andere Mitglieder der Suhrkamp-Familie mitbringt.

Als Unseld im April 1960 in Paris Beckett trifft, läßt er sich beispielsweise von Walter Boehlich und Uwe Johnson begleiten.[12] Wie wohl von Unseld beabsichtigt, überträgt Beckett sein dem Verlag gegenüber bestehendes

---

Publishing Samuel Beckett (London: The British Library 2011), S. 131-137, hier S. 132 f; Datierung des Treffens ebd., S. 137, Anm. 7.

12 Vgl. Johnson / Unseld, *Der Briefwechsel*, a.a.O., S. 81.

Wohlwollen auf alle Personen, die Unseld mitbringt oder die für ihn erkennbar eng mit dem Verlag verbunden sind. In einem Aufsatz zu Becketts letztem runden Geburtstag 1986 schreibt Unseld:

> Es gibt ein Ritual für diese Begegnungen, einleitende Gesprächsfloskeln, wie geht es Ihnen, wie geht es Madame Unseld, wie geht es dem Sohn Joachim; wie geht es Hermann Hesse (so fragte er vor 1962), und (nach 1962) findet Hermann Hesse bei der Jugend immer noch so großen Anklang?[13]

Bemerkenswert an dieser Darstellung Unselds ist, daß hier die Suhrkamp-Familie – also der Verlag samt Autoren – und die Familie Unseld – also der Privatclan des Verlegers – tendenziell vermischt oder jedenfalls gleichbehandelt werden. Früh ist Beckett über private Entwicklungen im Hause Unseld im Bilde, so die Krise der Unseld-Ehe und Unselds private Verbindung mit einer Verlagsautorin. Mitte Mai 1988 setzt Beckett auf einer Briefkarte an Unseld vor den Abschiedsgruß „Herzliche Grüße an Sie + Joachim" noch den Satz „Freundliche Grüße an Ulla"[14]; einen Monat später wird er noch etwas konkreter und schreibt: „Herzliche Grüße an Euch beide + alles Gute für Euer Glück."[15] (Auf den noch späteren Karten beschränkt Beckett sich dann auf Grüße an den Sohn Joachim und erwähnt Ulla Berkéwicz nicht mehr.) Einer nicht zu verifizierenden Quelle zufolge soll Beckett sogar „als Erster" erfahren haben, „dass Siegfried Ulla heiraten wird, und überrascht angeblich mit dieser Nachricht Joachim

---

[13] Unseld, „Bis zum Äußersten", a.a.O., S. 23.

[14] Bürger / Hack (Hg.), *Zur Ausstellung Suhrkamp-Insel 2*, a.a.O., Exponat 26/30.

[15] Ebd., Exponat 27/30.

Unseld, den Sohn."[16] Soweit zur Rubrik ,Klatsch und Tratsch' – in jeder Hinsicht wichtiger sind natürlich die Kontakte zu anderen Autoren, die Unseld stiftet und die von Beckett fügsam gutgeheißen werden. So schreibt Beckett am 24. Oktober 1961 im Vorlauf eines Treffens an Unseld: „Es freut mich sehr, dass Max Frisch Sie am Sonntag begleiten kann. Ich freue mich darauf, ihn sowie Ingeborg Bachmann zu treffen."[17]

Nicht immer allerdings führen solche Versuche Unselds, Beckett mit anderen Verlagsautoren zu verkuppeln, zu den gegenseitigen Befruchtungen, die Unseld sich wohl erhofft. Im Kontext des allerletzten Treffens mit Beckett in Paris erinnert er sich:

> Am Abend sprechen wir, Ulla Berkéwicz, E. M. Cioran, Paul Nizon und ich, noch lang über den erwarteten, den verpaßten, über den wieder zu erwartenden Beckett. [...] Paul Nizon ist begeistert von dem, was Beckett einst Peter Handke auf die Frage, was er im Fernsehen sehe, zur Antwort gab: Football ...[18]

Unseld erwähnt es hier nicht, aber die Anekdote, über die sich Nizon hier „begeistert" zeigt, ist unzweifelhaft eine, die Unseld bei dieser Gelegenheit auftischt – und auch bei etlichen anderen Gelegenheiten. Von dieser Anekdote existieren mehrere Fassungen, und es lohnt sich, ihnen einmal kurz nachzugehen.

---

[16] Ulrike Posche, *Weibliche Übernahme. Wie Frauen in Deutschland sich die Macht nehmen* (Frankfurt a.M.: Campus 2004), S. 101.

[17] Bürger / Hack (Hg.), *Zur Ausstellung Suhrkamp-Insel 2*, a.a.O., Exponat 3/30.

[18] Siegfried Unseld, „Das letzte Mal Beckett", in Berg / Fellinger / Weiss (Hg.), *50 Jahre Siegfried Unseld im Suhrkamp Verlag 1952-2002*, a.a.O., S. 17-22, hier S. 17. (Zuerst in *Die Zeit*, 5. Januar 1990.)

Eine recht nüchterne Version hat Unseld 1991 an nüchternem Ort festgehalten, nämlich in seinem Buch *Goethe und seine Verleger*:

> Samuel Beckett empfing auf meinen Wunsch in kurzen Abständen Edward Bond und Peter Handke; beide redegewandten Schriftsteller versanken aus Respekt vor der poetischen Autorität und unter dem Eindruck von Becketts Erscheinung in Schweigen, und so entstanden sehr einseitige Unterhaltungen, nach denen Beckett wünschte, keine Schriftsteller mehr treffen zu müssen.[19]

Die Schlußformulierung – Becketts Wunsch, „keine Schriftsteller mehr treffen zu müssen" – verrät mehr, als Unseld bei den meisten Gelegenheiten verraten wollte, dafür läßt er hier den Clou unter den Tisch fallen, den er sonst wohl besonders gern ausbreitete. An „die von Siegfried Unseld oft erzählte Anekdote über das Zusammentreffen von Beckett mit Handke, bei der keinerlei Gespräch aufkommen wollte, die sich nichts zu sagen hatten"[20], erinnert sich Klaus Reichert in seinem Unseld-Nachruf 2002 folgendermaßen:

> Unseld redete gerne und viel, meist über den Verlag und über Autoren, und oft war er ein guter Anekdotenerzähler. Unvergesslich die Schilderung der Begegnung Handkes mit Beckett: Die beiden hatten einander nichts zu sagen, das Gespräch kam nicht in Gang, da fragte Handke plötzlich: „Do you watch television?" Beckett: „Only sports." Und Handke: „You are my man."[21]

---

[19] Siegfried Unseld, *Goethe und seine Verleger* (Frankfurt a.M.: Insel 1991), S. 489.

[20] Günter Schütz, *Peter Weiss und Paris. Prolegomena zu einer Biographie*, Bd. 1: *1947-1966* (St. Ingbert: Röhrig 2004), S. 252.

[21] Klaus Reichert, „Stufen zum Glück. Über den Verleger Siegfried Unseld, der heute in Frankfurt am Main beerdigt wird", in *Der*

Vermutlich hat Reichert die Anekdote selbst bei Gelegenheit von Unseld privat oder halbprivat erzählt bekommen; erzählt hat Unseld sie allerdings auch öffentlich, nämlich in einem *Stern*-Interview, und zwar folgendermaßen:

> Beckett war geradezu bemüht um Handke. Der junge Handke dagegen schwieg voller Scheu vor diesem auch für ihn großen Mann. Beckett war irritiert, stand früh vom Tisch auf und wollte gehen. Beim Abschied gab es dann noch einen überraschenden Dialog. Handke: ‚Beckett, jetzt habe ich doch eine Frage: Sehen Sie fern?' ‚Ja.' ‚Was sehen Sie denn?' ‚Nur Fußball.' Da schlug ihm Handke auf die Schulter und sagte: ‚Beckett, das finde ich prima!'[22]

Erzählt hat Siegfried Unseld die Anekdote also – und zwar durchaus zur Mehrung des Ruhms seines Verlags und zweier seiner Verlagsautoren – so, daß Handkes Frage nach Becketts Fernsehkonsum die zuvor etwas

---

Tagesspiegel, 2. November 2002. – Vgl. auch ebd.: „Unseld redete gerne und viel, aber er hörte nicht so gern zu. Redete einer für seinen Geschmack zu lang – das habe ich gegenüber Adorno und Gershom Scholem erlebt – wurde er unruhig auf seinem Stuhl, runzelte die Stirn, schob das Kinn vor wie ein Condottiere und schaute in die Ferne. Entweder wechselte er das Thema, oder er brachte die Rede seines Gegenübers auf den für ihn brauchbaren Punkt: ein Buch, eine Ausgabe, wenigstens ein Projekt. So oder so blieb er immer bei sich: bei seinen Zielen."

22 Sven Michaelsen, „‚Ungehörige Sachen machen mir Spaß'. Er hat sein Opus Magnum geschrieben – und die Titelseiten der Klatschpresse erobert: Peter Handke über schlaflose Nächte und die Liebe zu Katja Flint", in *Stern*, 25. Januar 2002, S. 132. Zitiert werden hier Worte, die Siegfried Unseld bei früherer Gelegenheit im *Stern* „erzählt" habe. – Handke hat seine eigene Erinnerung an das Treffen in einem Interview ebenfalls zu Protokoll gegeben; vgl. Peter von Becker, „Ich mag die Menschen nicht anfassen beim Schreiben ...", in *Theater. Bilanz und Chronik der Saison* (Seelze: Friedrich 1992 / = *Theater heute*, Jahrbuch 1992), S. 11-21, hier S. 16.

prekäre Situation gerettet und ein allseitiges wohlwollendes Vergnügen bewirkt habe. Daß das eine nachträgliche Stilisierung ist, ergibt die Gesprächsnotiz, die Unseld sich im Februar 1970 im direkten Anschluß an das betreffende Pariser Treffen gemacht hat:

> Am nächsten Tag hatte ich die Idee, Handke zu dem Mittagessen mit Beckett dazuzuladen. Ich werde so etwas nicht mehr tun, denn Handke [...] gab sich in der Unterhaltung nicht die geringste Mühe, sondern saß da und schwieg. Das geht eben nicht. Beckett versuchte mehrmals, mit ihm über seine Stücke „Publikumsbeschimpfung“ und „Kaspar“ zu sprechen, aber Handke war wenig gerührt und erkundigte sich seinerseits weder nach Beckett noch nach dessen Arbeit. In der ganzen Unterhaltung hatte Handke nur zwei Fragen an Beckett gerichtet: Haben Sie ein Fernsehgerät?, und als Beckett dies bejahte: Was sehen Sie da? – und darauf antwortete Beckett, er sähe prinzipiell nur Sportdarbietungen: Rugby, Cricket, Tennis und Fußball.[23]

Der springende Punkt beim Vergleich der diversen Versionen ist nicht (oder nicht nur), daß sich in der Erinnerung mit größer werdendem Abstand zum Geschehen etwas verschiebt; der springende Punkt ist vielmehr, daß das, was ursprünglich als unglückliche und unangenehme Situation erlebt wurde, späterhin umgedeutet wird zu einer Begebenheit, die den Ruhm sowohl Becketts als auch Handkes (und zumindest indirekt auch den Ruhm von Verlag und Verleger) mehrt. Dies alles gehört durchaus zu Siegfried Unselds Selbstverständnis als Verleger: er springt für seine Autoren in die Bresche, bringt und hält sie im Gespräch, fördert das Interesse an ihnen – eben auch durch Umdeu-

---

[23] Siegfried Unseld, *Reiseberichte. Ein Auswahl zum Jahreswechsel*, zusammengestellt v. Raimund Fellinger, Jahresgabe des Suhrkamp und des Insel Verlages 2010 (Berlin: Suhrkamp 2011), S. 22 f.

tungen und Stilisierungen. Wenn wir über das stilisierte Bild, das Unseld selbst von der Verleger-Autor-Beziehung zeichnet, hinauskommen wollen, heißt das allerdings, daß wir Unselds öffentlichen und halböffentlichen Schilderungen grundsätzlich mit Skepsis begegnen müssen.

Instruktiver sind die Gesprächsnotizen und Aufzeichnungen, die Unseld unmittelbar nach seinen Treffen mit Beckett macht und die für seine eigenen wie für verlagsinterne Zwecke, aber nicht für die Öffentlichkeit gedacht sind. Hier zeigt sich, daß die Treffen mit Beckett in der Regel projektbezogen sind. Am Vortag jenes Treffens, zu dem Unseld Handke mitnimmt, geht es beispielsweise um die projektierte Beckett-Werkausgabe, ein ambitioniertes Unternehmen, das Becketts Bindung an den Suhrkamp-Verlag weiter konsolidiert. Ich zitiere Unselds Gesprächsnotiz aus dem Februar 1970:

> Wir, Tophoven, Spies und ich, berieten lange über die Anlage der Gesamtausgabe. Beckett verhielt sich sehr dezidiert bei den Dingen, die er nicht wollte. Er hatte sich sehr lange überlegt, was er dafür freigibt und was nicht. Der entscheidende Punkt ist „Eleutheria", ein Stück, das 1947 entstanden ist, das er aber partout verleugnen möchte.
>
> An viele seiner Gedichte erinnere er sich gar nicht mehr. Entweder müsse ein Dichter diese Übertragungen machen, oder aber eine exakte wörtliche Übersetzung müsse erfolgen, dazu aber den Originaltext.
>
> Die Rezensionen will er alle als Jugendarbeiten bzw. als Jugendsünden verstanden wissen und möchte sie nicht in der Ausgabe seiner Werke sehen. Auch nicht Rilke, bei dem ihm damals der Zugang sehr schwergefallen sei.[24]

---

[24] Ebd., S. 22.

Das sind alles eher sachbezogene Notizen, abgesehen vielleicht von der leichten Andeutung von Differenzen, die in dem Satz steckt: „Beckett verhielt sich sehr dezidiert bei den Dingen, die er nicht wollte.“ Der Euphemismus „dezidiert“ taucht in jener Passage von Unselds „Reisebericht“ 1970, die dasselbe Arbeitstreffen beschreibt, ebenfalls auf:

> Es war gut, daß ich mich für das Gespräch vorbereitet hatte, indem ich auf jeweils verschiedenen Bogen die einzelnen Texte Becketts in der Gliederung Stück, Prosa, Kritik, Lyrik aufgeführt hatte. An sich sollten Tophoven und Spies eine Anlage entworfen haben, aber das geschah nicht. Beckett hat nun auf meinen Blättern eingezeichnet, was aufgenommen werden kann und was nicht. Wichtig ist die Freigabe der Erzählungssammlungen „More Pricks than Kicks“ – „Mercier et Camier“ – „Premier amour“.
> Beckett hat nicht gestattet: die Aufnahme der drei unveröffentlichten Dramen, einiger Gedichte und einiger Rezensionen. Er hatte hier ganz dezidierte Auffassungen. Ich werde jetzt den definitiven Plan aufstellen.[25]

Bemerkenswert ist hier das entschiedene „Ich“ des letzten Satzes: Unseld macht die Planung der Ausgabe zur Chefsache, dies seiner Darstellung zufolge auch, weil andere Beteiligte sich als unzuverlässig erweisen. Bei den „drei unveröffentlichten Dramen“ handelt es sich übrigens um „The Possessed“, „Le Kid“ und „Eleutheria“[26], also drei

---

[25] Ebd., S. 18 f.; auch in Siegfried Unseld, *Chronik 1970. Mit den Chroniken Buchmesse 1967 Buchmesse 1968 und der Chronik eines Konflikts 1968*, hg. v. Raimund Fellinger (Berlin: Suhrkamp 2010), S. 118 f.

[26] Vgl. die Faksimile der von Unseld erstellten und von Beckett kommentierten Werkausgabenpläne in Unseld, *Chronik 1970*, a.a.O., S. 136.

ausgesprochen unterschiedliche Arbeiten, von denen Unseld mit Sicherheit nicht mehr weiß als eben diese Titel. Natürlich hat Unseld sich für seine Zusammenstellung veröffentlichter und unveröffentlichter Beckett-Texte keineswegs mühsamer Archivstudien unterziehen können, für die der Leiter eines Großverlags schwerlich Zeit und Gelegenheit haben kann, sondern er hat in die nächstbesten Suhrkamp-Bände geschaut – Quellen der Werkübersicht sind ganz offensichtlich die von John Fletcher zusammengestellte Beckett-Bibliographie in dem 1966 bei Suhrkamp erschienenen Bändchen *Über Beckett* von Jean-Jacques Mayoux und ergänzend die knappere, aber aktuellere „Chronologie der Werke Samuel Becketts (1929-1967)“ in dem 1969 erstmals bei Suhrkamp erschienenen Fletcher-Band *Die Kunst des Samuel Beckett*[27].

Wenn das Arbeitstreffen zur Vorbereitung der Werkausgabe (die tatsächlich erst sechs Jahre später, in deutlich anderer Gestalt und ohne direkte editorische Beteiligung Unselds erscheint) ein Schlaglicht auf Beckett „als Autor“ wirft, so gerät in den weiteren Notizen Unselds vom selben Tage doch wieder Beckett „als Mensch“ in den Blick: „Wir gingen dann zum Abendessen und fuhren dazu mit der Métro. Ich glaube, Beckett ist der einzige Nobelpreisträger, der als Transportmittel die Métro benützt.“[28] Die Betonung liegt hier auf „Nobelpreisträger“; mit der Verleihung des Preises wenige Monate zuvor ist Becketts Rang „als Autor“ für Unseld und seinen Verlag noch weiter gestiegen, und die Art und Weise, wie Beckett mit der Ehrung umgeht, scheint gleichzeitig

[27] Vgl. John Fletcher, „Eine Bibliographie, zusammengestellt von John Fletcher“, üb. v. Rolf Dornbacher, in Jean-Jacques Mayoux, *Über Beckett* (Frankfurt a.M.: Suhrkamp 1966 / es 157), S. 121-143; John Fletcher, *Die Kunst des Samuel Beckett*, üb. v. Karin Reese (Frankfurt a.M.: Suhrkamp 1969 / BS 224), S. 172-174.

[28] Unseld, *Reiseberichte*, a.a.O., S. 22.

seinen Rang „als Mensch" zu erhöhen. Im nächsten Satz notiert Unseld: „Von seiner Nobelpreissumme hat er einen Scheck mit einer namhaften Summe an Tophoven gegeben mit dem Hinweis, er soll das Geld anlegen für seinen Sohn."[29]

Nun sind gerade die Umstände der Nobelpreisvergabe und ihre Auswirkungen für den Autor einerseits und den Verlag andererseits ein sehr diffiziles Thema, anhand dessen sich das keineswegs widerspruchsfreie, aber im Effekt höchste erfolgreiche Zusammenwirken der Bemühungen Becketts und Unselds besonders schön zeigen läßt. 1986 benennt Unseld als einen der persönlichen Vorzüge Becketts, daß „er nie über mangelnde Ehrungen und Preise klagte; den Nobelpreis lehnte er bekanntlich nicht ab, er ging aber nicht nach Stockholm, und er verteilte die Preissumme großzügig, unter anderem auch an seinen deutschen Übersetzer"[30]. Hinter dieser Formulierung verbirgt sich die Erinnerung an einen Eiertanz, den Unseld seinerzeit vollführen mußte, was er auf bravouröse Weise tat.

Der Nobelpreis war zwischen Beckett und Unseld schon Thema, bevor Beckett ihn erhielt. Am 22. März 1969, nachdem er von Unseld sowohl besucht worden ist als auch einen Brief erhalten hat, schreibt Beckett seinem Verleger:

> Zwei Dinge beunruhigen mich: der drohende [Nobel-] Preis und die Frage nach unveröffentlichten Werken. Sie erfordern es – das fühle ich ganz deutlich –, sehr schwierige Entscheidungen zu treffen, die meine ganze kleine problematische Zukunft als Schriftsteller beeinflussen – die im Begriff ist, zu Ende zu gehen, wenn

---

[29] Ebd.
[30] Unseld, „Bis zum Äußersten", a.a.O., S. 23.

> sie nicht sogar schon zu Ende ist. Wenn es nur um mich ginge, wäre es leicht. Ich weiß noch nicht, was ich machen werde. Ich halte Sie natürlich auf dem Laufenden.[31]

Das Schreiben endet mit dem Gruß „In Freundschaft" („Bien amicalement"), und zusammen mit dem Satz „Wenn es nur um mich ginge, wäre es leicht", ist die Problemlage klar umrissen. Es geht nicht nur um Becketts eigenes Wohl, sondern auch um das des ihm freundschaftlich verbundenen Verlags; für den Verlag wäre die Preisvergabe an Beckett ein Segen, und wenn es zu einem solchen Preisentscheid käme, bräuchte der Verlag rasch unveröffentlichte Beckett-Texte zur Befriedigung des Käuferinteresses – beides hat Unseld Beckett offensichtlich in hinlänglicher Deutlichkeit vermittelt, und damit ist nun Becketts Loyalität und Solidarität gefragt.

Wie wir wissen, hat Beckett seinen Verleger in dieser Hinsicht nicht enttäuscht. Am 6. November 1969, nach der Preisvergabe, schreibt Beckett von seinem Zufluchtsort in Tunesien an Unseld:

> Ich weiß, was Sie alles für meine Arbeit getan haben und bin davon sehr gerührt. Leider, wie Sie wissen, wollte ich so etwas wie diesen [Nobel-]Preis nicht. [...] Ich erinnere mich mit Rührung an Ihre Freundlichkeit mir gegenüber in und zwischen Berlin und Frankfurt. Es versteht sich von selbst, dass ich Top[hoven] nicht vergesse.[32]

Der Schlußsatz klingt sehr danach, daß Unseld Beckett explizit oder zumindest durch die Blume aufgefordert hat,

---

[31] Bürger / Hack (Hg.), *Zur Ausstellung Suhrkamp-Insel 2*, a.a.O., Exponat 6/30.

[32] Ebd., Exponat 7/30.

Tophoven zu unterstützen, was Beckett dann ja durchaus tut und von Unseld später als besonders edle Tat Becketts auch öffentlich benannt wird. Wenn wir der Darstellung und Bewertung von Wiebke Sievers folgen, die darauf hinweist, wie branchenüblich knapp der Suhrkamp-Verlag den Übersetzer an Becketts Erfolg beteiligt habe[33], so erkennen wir, daß Tophoven nach der Preisvergabe, die ihn selbst quasi zum Nobelübersetzer machte, allen Grund gehabt hätte, etwas einzufordern – beim Verlag. Auch Beckett hätte für seinen geschätzten Übersetzer beim Verleger etwas einfordern können; statt dessen fordert der Verleger bei Beckett etwas ein, und das mit Erfolg. Hier liegt ein Fall von Loyalität vor, von zumindest indirekt eingeforderter Loyalität, und Beckett ist derjenige, der sich wunschgemäß loyal verhält.

Aber Unseld hat auch seinen Anteil an dem, was alle Welt außer dem Hauptbetroffenen als Erfolg begreift. Am selben 6. November 1969 schreibt Unseld an Beckett, versichert ihm, er sei der würdigste aller denkbaren Preisträger und werde nun in aller Welt noch mehr Anerkennung als ohnedies erfahren; aber Unseld schreibt auch, Beckett wisse ja sicherlich, daß er – Unseld – die Preisvergabe nicht unwesentlich beeinflußt habe[34]. Es ist einigermaßen paradox: Beckett will den Preis nicht und macht Unseld dies vorab klar; Unseld will den Preis für Beckett, macht Beckett vorab klar, wie wichtig das für der Verlag wäre, und fädelt im Hintergrund gleichzeitig die Preisvergabe an Beckett ein; als Beckett dann zu seinem Verdruß tatsächlich den Preis erhält, dankt er Unseld für dessen unermüdlichen Einsatz; für Unseld wiederum ist fortan die Tatsache, daß Beckett den von allen anderen Autoren erstrebten Preis gar nicht haben wollte, eine der Begrün-

33 Vgl. Sievers, „Becketts deutsche Stimme“, a.a.O., S. 229.
34 Vgl. Hartel, „‘Cher ami’ – ‘Lieber Samuel Beckett’“, a.a.O., S. 136.

dungen dafür, daß Beckett für ihn „als Mensch wie als Autor vorbildlich und vollkommen“ sei – oder vielleicht ist die eigentliche Begründung doch eher, daß Beckett den Preis trotz alledem angenommen hat. Und hier liegt in der Tat der Kern der so erfolgreichen Zusammenarbeit zwischen Beckett und Unseld: Unseld schafft es durch verschiedene Beweise besonderer Wertschätzung (beispielsweise schöne mehrsprachige Ausgaben und die Aufnahme komplexer Texte in eigentlich eher massenkompatibler Literatur vorbehaltene Reihen), Beckett die Erlaubnis abzuringen, für ihn Dinge zu bewirken, die Beckett eigentlich gegen den Strich gehen, die seinen Ruhm aber unaufhörlich mehren – und Beckett findet sich am Ende nicht nur damit ab, daß Unseld all das treibt, sondern er ist dafür auch noch dankbar und fühlt sich seinem deutschen Verleger in besonderer Weise verbunden.

Eine solche eigentlich paradoxe Folge seines Einsatz für den von Beckett nicht gewollten Nobelpreis vermerkt Unseld in seinem Reisebericht von Mitte Februar 1970 nach seinem ersten Treffen mit dem nobelpreisgekrönten Autor:

> Beckett möchte einen Revers unterschreiben, wonach alle seine Werke im Deutschen ausschließlich und für alle Zeiten beim Suhrkamp Verlag erscheinen sollen. Wir sollen ihm eine entsprechende Formulierung zuschicken. Er wird dann die Vertragspartner verständigen.
>
> An den Verträgen selbst kann oder will er nichts ändern. An Honorarabsprachen ist er nicht interessiert. Aber sollten Differenzen auftreten, wird er sicherlich auf unserer Seite sein.[35]

---

[35] Unseld, *Reiseberichte*, a.a.O., S. 17; auch in Unseld, *Chronik 1970*, a.a.O., S. 116 f.

Und Unseld fügt dann auch noch hinzu, was eigentlich keiner besonderen Erwähnung mehr bedarf: „Insgesamt verlief die Unterhaltung mit Beckett sehr, sehr freundlich. Er hat ein großes Wohlwollen dem Verlag gegenüber."[36] Ähnliche Formulierungen notiert Unseld nach seinen diversen Treffen mit Beckett immer wieder, beispielsweise am 20. November 1975: „Er war wie immer ungemein freundlich, eher freundschaftlich, sympathisch. Er erkundigte sich nach Frisch, Handke, Hildesheimer, nach der Resonanz der Eich-Ausgabe, nach Hesses Wirkung [...]."[37] Wie wir sehen, verübelt Beckett seinem Verleger also auch nicht, seinerzeit den Schweiger Handke zu ihm mitgeschleppt zu haben, sondern fügt sich willig in die illustre Suhrkamp-Familie ein. An seine Grenzen stößt der Familienfriede höchst selten, und wenn, dann eher behutsam – nachzulesen beispielsweise in Unselds Reisebericht vom 11.-14. Juli 1978, in dem der uns bereits bekannte Euphemismus für Meinungsverschiedenheiten wieder auftaucht: „dezidiert wird Beckett immer dann, wenn es um sein Werk geht, hier schwindet Freundlichkeit, hier wird er unerbittlich."[38] Echte Probleme zwischen Autor und Verlag sind selten; eine rare Ausnahme ergibt sich aus Becketts Beteiligung an dem Gedächtnisband des Verlags für Günter Eich – am 24. August 1973 schreibt Beckett an Unseld:

---

[36] Unseld, *Reiseberichte*, a.a.O., S. 21; auch in Unseld, *Chronik 1970*, a.a.O., S. 121.

[37] Bürger / Hack (Hg.), *Zur Ausstellung Suhrkamp-Insel 2*, a.a.O., S. 2.

[38] Ebd., S. 3. – Anlaß war ein Arbeitsgespräch in Paris am 11. Juli 1978, bei dem es – wie wohl auch schon am 13. April 1978 – um die Übersetzung der *Mirlitonnades* ging. Vgl. dazu die in Details widersprüchliche, womöglich beschönigende Darstellung bei Unseld, „Bis zum Äußersten", a.a.O., S. 23. Der Verdacht der Beschönigung betrifft vor allem Becketts Urteil über Bestallung und Arbeitsergebnisse von Unselds Freund Karl Krolow als Übersetzer.

> Es ist eine Ehre für mich, von Wolfgang Hildesheimer, den ich herzlich grüße, übersetzt zu werden, aber ich hatte angenommen, dass Sie den Text Tophoven geben würden, und kann nur bedauern, dass Sie es nicht getan haben. Er kennt meine *Manien* und ich bin es gewohnt, mit ihm zu arbeiten. Ich fürchte, dass er aufgebracht sein wird. Ich halte zu ihm.[39]

Es ist bemerkenswert, daß Beckett hier die Bestallung eines anderen als des gewohnten Übersetzers nicht mit der Rücksicht auf sein Werk begründet, sondern mit der Rücksicht auf seinen angestammten Übersetzer – Tophovens Leistung und Tophovens Loyalität, so deutet Beckett seinem Verleger gelegentlich an, würden von diesem nicht immer hinreichend gewürdigt. Aber mag Beckett auch „dezidiert" erklären, er halte zu Tophoven: am Ende erscheint sein Text im Eich-Gedächtnisband dann eben doch in der Hildesheimer-Übersetzung. Die Pflege seiner Verlagsautorenfamilie ist für Unseld im Zweifel immer wichtiger als die Qualität von Übersetzungen.

Damit kommen wir zu den Grenzen, die sich in Unselds Verständnis für Becketts Wesen und Becketts Werk durchaus finden lassen. Im Februar 1970 schildert Beckett seinem Verleger auch das spezielle Problem, das er mit seiner Beteiligung an Kenneth Tynans New Yorker Revue *Oh! Calcutta!* hat; Unseld teilt Becketts Empörung und notiert sich das Problem folgendermaßen:

> Eines Tages besuchte ihn Kenneth Tynan. Er erzählte ihm von einem großen Plan, bei dem alle bedeutenden Schriftsteller und Musiker mitmachen sollen. Beckett wußte aber nicht, daß es sich um eine Revue handelt, bei der alle Texte anonym vorgetragen wurden. Nach

---

[39] Bürger / Hack (Hg.), *Zur Ausstellung Suhrkamp-Insel 2*, a.a.O., Exponat 11/30.

> der Aufführung in den USA protestierte Beckett und verlangte, daß sein Text gezeichnet würde.[40]

Dies ist natürlich ein krasses Mißverständnis. In Wahrheit war es bekanntlich so, daß Beckett empört war, weil Tynan sein minimalistisches Kurzdrama *Breath* gerade *nicht* wie versprochen anonym in die Revue einbaute, sondern im Programmheft gesondert hervorhob. Trotz seiner jahrelangen Zusammenarbeit mit Beckett scheint Unseld nicht imstande gewesen zu sein, sich vorzustellen, daß Beckett sich die Anonymität gerade wünschte. Unselds Maxime war es, mit möglichst viel Wirkung und möglichst viel Widerhall öffentlich zu handeln; daß Beckett fundamental nach dem Gegenteil strebte, hat Unseld zwar als Zeichen höchster Bescheidenheit öffentlich bewundert und belobigt, aber wirklich begriffen und akzeptiert hat er diese Tugend offensichtlich nicht. Aber auch damit tat er natürlich seinen Dienst an Beckett; hätte der Verleger seinen Autor bescheiden im stillen Kämmerlein hocken lassen und niemandem davon erzählt, so hätte Becketts Werk ebenso wenig wie Beckett selbst überlebt; indem Unseld aber Beckett seine Texte abrang und – notfalls gegen den Willen des Autors – öffentlich für diese Texte und den bescheidenen Menschen, der sie geschrieben hatte, trommelte, machte er Beckett für alle wahrnehmbar zu jener Figur, die „als Mensch wie als Autor vorbildlich und vollkommen“ war.

---

[40] Unseld, *Reiseberichte*, a.a.O., S. 18; auch in Unseld, *Chronik 1970*, a.a.O., S. 117. – Vgl. die Herausgeberanmerkung in Unseld, *Chronik 1970*, a.a.O., S. 118: „Der Ärger zwischen Tynan und Beckett entstand, weil Beckett – anders als S. U. es beschreibt – davon ausgegangen war, sein Beitrag werde anonym, wie alle anderen, in den Gesamttext montiert. Tynan hatte aber *Breath* als einzigen Text mit Nennung des Autors im Programmheft aufgeführt [...].“

Und die Faszination für Beckett „als Mensch wie als Autor“ sowie der daraus resultierende Umgangsmodus einer ebenso zielgerichteten wie nutzorientierten professionellen Freundschaft waren wohl das Geheimnis des Umgangs dieses Verlegers mit diesem speziellen Autor – wenn es denn dabei ein Geheimnis gab. Ob Unseld Beckett und sein Werk wirklich so gut kannte, wie er glauben machte, ist damit verglichen eine müßige und unerhebliche Frage. Insofern paßt es, daß jener Text, mit dem Unseld von Beckett Abschied nahm, nämlich der pathostriefende Nachruf „Das letzte Mal Beckett“, zwar die Freundschaft zwischen Autor und Verleger feiert, aber in seinem abschließenden Versuch, zum Wesen des Beckettschen Werks vorzudringen, katastrophal scheitert. Die Schlußsequenz des Nachrufs lautet folgendermaßen:

> Seine Abschiedsworte werde ich nicht vergessen, ich habe sie aufgeschrieben, aber sie sind jetzt nicht mitteilbar. In anderer Form sind sie nachzulesen in Becketts englisch geschriebenem Roman *Watt*, auf jenen Seiten, in denen ein Grundgeheimnis seines Werkes aufscheint. „Gott möge Sie segnen, Mr. de Baker, sagte Louit. Und Sie, Mr. Louit, sagte Mr. Baker. Nein, nein, Sie Mr. de Baker. Sie, sagte Louit. Warum eigentlich mich, Mr. Louit, na, wenn es denn unbedingt sein muß, jedenfalls auch Sie, sagte Mr. de Baker. Sie meinen, Gott möge uns beide segnen, Mr. de Baker? sagte Louit, Diable, sagte Mr. de Baker.“[41]

Bemerkenswert an diesem Passus sind keineswegs die raunenden Andeutungen von tiefsinnigen Abschiedsworten, die „jetzt nicht mitteilbar“ seien; bemerkenswert scheint mir eher, daß Unseld hier aus den Tiefen eines der umfänglichsten und unzugänglichsten Texte Becketts eine

[41] Unseld, „Das letzte Mal Beckett“, a.a.O., S. 22.

seines Erachtens treffende Stelle zu zitieren verstand. Als ich seinerzeit den Nachruf las (er erschien am 5. Januar 1990 in der Wochenzeitung *Die Zeit*), zog ich den Hut vor Unseld, denn so gründliche Beckett-Werkkenntnis hatte ich ihm nicht zugetraut. Schon wenige Tage später allerdings setzte ich den Hut wieder auf, als mir nämlich der Nachruf zur Kenntnis gelangte, den Werner Spies, über Jahrzehnte hinweg einer der wichtigsten Gewährsleute Unselds für die französische Literaturszene allgemein und Beckett im Speziellen, bereits am 27. Dezember 1989 in der *Frankfurter Allgemeinen* veröffentlicht hatte. Gegen Ende des Beckett-Nachrufs von Spies findet sich folgende Passage:

> Jeder sollte hier einmal „Watt“ in die Hände nehmen, den noch auf englisch verfaßten Roman, in dem der Held die Dialektik der Aufklärung mit der Wucht an seinem Leibe erfahrt, mit der Voltaires „Candide“ die Leibnizsche prästabilierte Harmonie ertrug: „Gott möge Sie segnen. Mr. de Baker, sagte Louit. Und Sie, Mr. Louit, sagte Mr. de Baker. Nein, nein. Sie, Mr. de Baker, Sie, sagte Louit. Warum eigentlich mich, Mr. Louit, na, wenn es denn unbedingt sein muß, jedenfalls auch Sie, sagte Mr. de Baker. Sie meinen, Gott möge uns beide segnen, Mr. de Baker? sagte Louit. Diable, sagte Mr. de Baker.[42]

Es besteht kein Zweifel daran, daß Unseld sich hier bediente, im Nachruf seines Freundes Spies auf Beckett, und

---

[42] Werner Spies, „Ein ungespieltes Leben. Zum Tode von Samuel Beckett“, in *Frankfurter Allgemeine Zeitung*, 27. Dezember 1989. – Das *Watt*-Zitat ist – vollständiger als in der *FAZ*-Version und damit auch vollständiger als in Unselds Nachruf – auch enthalten in Werner Spies, *Das Auge am Tatort. 80 Begegnungen mit Kunst u. Künstlern* (München: Prestel 1979), S. 232.

keineswegs über eine hinreichende eigene Beckett-Werkkenntnis verfügte, um für einen kurzfristig zu verfassenden Artikel ein solches Zitat aufspüren zu können. Mit bösem Willen könnten wir hinzufügen: Unseld renommiert mit einer Nähe und Vertrautheit, über die er in Wahrheit keineswegs verfügte.

Zweifel seien im übrigen auch daran erlaubt, daß die von Unseld angeblich aufgezeichneten tiefsinnigen Abschiedsworte wirklich solche waren. Walter Asmus hat in seinem Nachruf auf Beckett etwas beschrieben, was er als übliches „Abschiedsspiel" bei Beckett-Besuchen bezeichnet, und zwar handelt es sich um folgenden Wortwechsel, der doch sehr an die von Unseld zitierte *Watt*-Stelle erinnert:

> „God bless you. Thank you for all."
> „No, thank you ..."
> „I'm obliged to you."
> „No, I'm obliged to you ..."[43]

Sollte es möglich sein, daß Unseld, der Beckett mehr als dreißig Jahre lang persönlich kannte, am Ende ein kleines Scherzritual fälschlich für eine geheimnisvoll tiefsinnige Botschaft gehalten hat?

---

[43] Walter D. Asmus, „Lieber Sam. Fünfzehn Jahre Arbeit und Freundschaft mit Beckett, bis zum Tod am 22. Dezember 1989 – Walter D. Asmus schreibt einen letzten Brief zum langen Abschied", in *Theater heute* 2 (Februar 1990), S. 2-6, hier S. 2.

Nachweise

„Beckett geht, Beckett bleibt“, „Neitherways“ und „Knappster Beckett“ wurden folgendem Band entnommen: Friedhelm Rathjen, *Doublin' Dublin. Vorträge und anderes zu James Joyce und Samuel Beckett* (Südwesthörn: Edition ReJoyce 2012). Erstdruck von „Beckett geht, Beckett bleibt“ in Hartmut Fischer (Hg.), *Flanieren – Gehen – Wandern* (Northeim: Heimatmuseum Northeim 2011); erweiterte Fassung eines Vortrags, der am 10. September 2006 zur Finissage der Ausstellung *„Obergeschoss still closed“ – Samuel Beckett in Berlin* im Literaturhaus Berlin gehalten wurde. „Neitherways“ ist die leicht erweiterte Fassung eines Vortrags, gehalten in englischer Sprache am 31. März 2006 auf der Tagung *Beckett at Reading 2006* der Beckett International Foundation an der University of Reading; die englischsprachige Urfassung erschien in Dirk Van Hulle / Mark Nixon (Hg.), *"All Sturm and no Drang": Beckett and Romanticism / Beckett at Reading 2006* (*Samuel Beckett Today / Aujourd'hui* 18, Amsterdam / New York: Rodopi 2007), nachgedruckt in Friedhelm Rathjen, *Irish Company. Joyce & Beckett and more* (Scheeßel: Edition ReJoyce 2010); die deutschsprachige Fassung wurde für den Band *Doublin' Dublin* erstellt. Erstdruck von „Knappster Beckett“ in Friedhelm Rathjen, *Durch dick und dünn. Über Marianne Fritz, Gertrude Stein, Arno Schmidt, António Lobo Antunes und andere Autoren von Gewicht* (Scheeßel: Edition ReJoyce 2006); für den Abdrck in *Doublin' Dublin* im Schlußteil geringfügig ergänzt.

„Himmelfahrt und Höllensturz“, „Schauplatz der Leere“, „Muß es sein es muß sein es muß sein“, „Lidschlag im Dunkel“ und „Beckett, erschöpft“ wurden folgendem Band entnommen: Friedhelm Rathjen, *weder noch. Aufsätze zu Samuel Beckett* (Scheeßel: Edition ReJoyce 2005). Erstdruck von „Himmelfahrt und Höllensturz“ in der *Neuen Zürcher Zeitung* vom 15. Juni

1996. Erstsendung von „Schauplatz der Leere“ in „Gutenbergs Welt“ (*Westdeutscher Rundfunk*, 3. Hörfunkprogramm), 6. September 2000. Erstdruck von „Lidschlag im Dunkel“ in der *Basler Zeitung* vom 1. Juni 1990. Erstdruck von „Beckett, erschöpft“ in der *Neuen Zürcher Zeitung* vom 7. Januar 1997. „Muß es sein es muß sein es muß sein“ ist eine Zusammenschrift folgender Rezensionen: „Höhenflüge der Phantasie? Biographisches und Essayistisches über Samuel Beckett“ aus der *Süddeutschen Zeitung* vom 7. September 1991 (nachgedruckt in der *Basler Zeitung* vom 25. Oktober 1991 u.d.T. „‚Mrs. Bair's flights of fancy' – pure Fiktion?“); „Muß es sein es muß sein es muß sein. Vom Versuch, Samuel Beckett eine Biographie zu schneidern“ aus der *Süddeutschen Zeitung* vom 26. November 1996; „Hinter den Texten öffnen sich neue Horizonte. Eoin O'Briens Bild-Text-Band ‚The Beckett Country‘“ aus der *Frankfurter Rundschau* vom 27. Dezember 1997; „Ein bekanntes Gesicht, gemischte Gefühle. Die gesammelten Beckett-Aufnahmen des Fotografen John Minihin. Beckett im Bild: Breitgetretene Devotionalien“ aus der *Basler Zeitung* vom 14. September 1996; als Fußnote eingearbeitet außerdem die wesentlichen Passagen aus der Kurzkritik „Alfred Simon: *Beckett*“ in *Der Rabe. Magazin für jede Art von Literatur* 41 (1994).

„‚Heil, Sieg, fette Beute‘“ wurde folgendem Band entnommen: Friedhelm Rathjen, *Rejoyce! Kleiner Leitfaden durch die irische Literatur* (Südwesthörn: Edition ReJoyce 2013). Erstdruck in *literaturkritik.de*, Nr. 6, Juni 2013.

„Unseld / Beckett“ wurde folgendem Band entnommen: Friedhelm Rathjen, *Triplin' Dublin. Nach- und Überträge zu James Joyce und Samuel Beckett* (Südwesthörn: Edition ReJoyce 2015). Vortrag auf der Tagung *Samuel Beckett and German Culture / Samuel Beckett und die deutsche Kultur* in Darmstadt am 24. September 2011, Erstdruck in Jan Wilm / Mark Nixon (Hg.), *Samuel Beckett und die deutsche Literatur* (Bielefeld: transcript 2013).